DIE WINTER-
Weihnachtszauber-
KÜCHE

DIE WINTER-
Weihnachtszauber-
KÜCHE

JAN THORBECKE VERLAG

VERLAGSGRUPPE PATMOS

PATMOS
ESCHBACH
GRÜNEWALD
THORBECKE
SCHWABEN

Die Verlagsgruppe
mit Sinn für das Leben

Für die Schwabenverlag AG ist Nachhaltigkeit ein wichtiger Maßstab ihres Handelns. Wir achten daher auf den Einsatz umweltschonender Ressourcen und Materialien.

www.thorbecke.de

Gestaltung: Finken & Bumiller, Stuttgart
Texte: Die Rezepte stammen von Henryk Ibe-Meinhardt, Natalie Simons und Jan Wischnewski. Einleitung: © Jan Thorbecke Verlag, Ostfildern
Fotos: © photocuisine (www.photocuisine.de)
Druck: Firmengruppe APPL, Wemding
Hergestellt in Deutschland
ISBN 978-3-7995-0572-7

Inhalt

Bäume leuchtend, Bäume blendend,
Überall das Süße spendend,
In dem Glanze sich bewegend,
Alt- und junges Herz erregend –
Solch ein Fest ist uns bescheret,
Mancher Gaben Schmuck verehret;
Staunend schaun wir auf und nieder,
Hin und her und immer wieder.

JOHANN WOLFGANG VON GOETHE

Festtags-ZAUBER

Leise fällt der erste Schnee auf Wiesen und Felder, bedeckt die Wälder und Dörfer mit seinem weißen Glanz. Die Seen sind mit einer dünnen Eisschicht überzogen, und aus den Kaminen der Häuser steigt lautlos der Rauch. Die Landschaft glitzert wie mit Tausenden und Abertausenden von Diamanten überzogen, und durch die Fensterscheiben, welche mit filigranen Eisrosen geschmückt sind, blicken leuchtende Kinderaugen. Bald schon erschallt lautes Lachen, während Kind um Kind sich freudestrahlend mit nichts als einem treuen Schlitten den Berg hinunterstürzt. Schneebälle werden geworfen, Engel ins kühle Weiß gezaubert.

Wenn die Kleinen dann mit roten Wangen nach Hause eilen, schmückt der Vater schon lächelnd den Baum. Die Luft ist voll von allerlei herrlichen Düften. Zimt und Orange vermischen sich mit dem frischen Duft der Tannennadeln, und aus der Küche dringt verheißungsvoll ein Hauch von Vanille. Im Fernseher schnitzt Michel aus Lönneberga seine hundertste Holzfigur und aus dem Radio erzählt uns Wham! von den Gefahren verschenkter Herzen. Spätestens wenn dann die Großeltern ihren Besuch ankündigen und auch Onkel und Tanten sich vom anderen Ende des Landes auf den Weg machen, wissen alle: Weihnachten ist da!
So jedenfalls sieht das ideale Weihnachtsfest aus, nach dem wir uns seit unseren Kindertagen sehnen. Nicht immer wird die Realität ganz so perfekt, wie es uns unsere Träume von einem wunderschönen Fest hoffen lassen, aber es bleibt der ganz spezielle Zauber von Weihnachten, der uns jedes Jahr auf Neue in seinen Bann zieht. Doch was ist eigentlich das Besondere an den Festtagen?
Weihnachten – das ist eine Zeit, die wir unbeschwert zusammen mit unseren liebsten Menschen genießen können. Es das Fest der Familie, der bunten Kugeln, der liebevoll ausgesuchten Geschenke und des köstlichen Essens. Ja, der ganze Winter ist eine Zeit des Schlemmens und Genießens. Schon an den Adventssonntagen hat die Küche sich in eine Weihnachtsbäckerei verwandelt, aus der die köstlichsten Plätzchen ihren Weg in die Hände und Münder der Feinschmecker finden. Viele Naschereien und Gerichte gibt es nur zu dieser Zeit, wie Stollen, Weihnachtsplätzchen, Spekulatius, Bratäpfel und Gänsebraten. Wir genießen sie daher umso mehr, denn nach Weihnachten gilt es ein volles Jahr zu warten, bevor wir die Leckereien wieder vor unsere Nase bekommen. Und dann gibt es diese ganz besonderen Aromen, die untrennbar mit dieser Zeit verbunden sind – Zimt, Marzipan, Orangen, Nelken, Vanille, Lebkuchengewürz und viele mehr strömen aus der Küche und machen uns klar: Hier ist sie wieder, die schönste Zeit des Jahres.
Und wenn das große Fest naht, soll einfach alles perfekt werden. Wir träumen als Gastgeber davon, unseren Gästen bewundernde „Ahs“ und „Ohs“ zu entlocken und Weihnachten dadurch zu einem ganz besonderen Fest für alle zu machen. Die Vorspeise soll etwas ganz Exquisites sein, der Braten soll wunderbar gelingen und das Dessert einfach unvergleichlich köstlich schmecken. Der Erfolg jedoch erfordert die richtige Planung. Schon zu Beginn der Adventszeit überlegen wir uns, welches der diesjährige Weihnachtsschmaus werden soll, beraten uns mit Freunden und Familie, wie wir am besten dekorieren und welches das passende Getränk zu jedem Gang wäre. Am besten machen Sie sich schon einige Wochen vor dem großen Fest Gedanken, aus welchen Gängen das Festessen bestehen soll und welches Gericht Sie am besten mit welchem kombinieren können. Hier bietet Ihnen dieses Buch bereits die perfekte Auswahl für jeden Gang, aber natürlich eignen sich die köstlichen Rezepte auch für die Einladung zum winterlichen Brunch oder ein Essen mit Freunden an einem der Adventssonntage. Sie müssen nun nur noch entscheiden, welches Gericht Ihnen und Ihren Gästen am besten schmecken wird, und die einzelnen Gänge zu einem köstlichen Menü kombinieren. Dann gilt es, einen Einkaufszettel und eine To-do-Liste mit den einzelnen Aufgaben zu erstellen und sich für einen Einkauf im vorweihnachtlichen Gedränge zu wappnen.
Doch haben wir es dann endlich geschafft, die Geduldsprobe an der Warteschlange, die Rutschpartie über glatte Straßen und den erbitterten Kampf mit dem störrischen Ofen zu überstehen, ist nichts mit dem Moment zu vergleichen, wenn der erste Bissen gekostet ist und am Tisch genießerisches Schweigen herrscht, die Augen der Gäste anfangen zu leuchten und das köstliche Essen ein zartes Lächeln auf die Gesichter zaubert. Dieser Augenblick ist einer der Gründe, weswegen wir schon als Kinder mit großen Augen hinter vereisten Fenstern sitzen und auf den ersten Schnee warten. Denn mit diesen winzig weißen Flocken beginnt die Winterzeit. Die Zeit der Feste. Und die Zeit des Genießens.

Vorspeisen

Blätterteig MIT LACHS, ORANGEN UND KUMQUATS

Zubereitungszeit: *25 Minuten*
Garzeit: *20 Minuten*
Personen: *4*
Schwierigkeit: *mittel*

Zutaten

1 kleine Möhre
1 Fenchelknolle
1 TL Butter
Salz
frisch gemahlener Pfeffer
1 Orange
4 Kumquats
1 Dillzweig
250 g Lachsfilet
300 g Blätterteig

AUSSERDEM

Sparschäler
Küchenpapier
runde Ausstechform (10 cm)
Backblech
Backpapier
Schnittlauchhalme zum Garnieren

1. Die Möhre schälen und mit einem Sparschäler in dünne Streifen hobeln. Den Fenchel waschen, putzen und in sehr dünne Streifen schneiden. Die Butter in einer Pfanne erhitzen, die Möhren- und Fenchelstreifen darin unter Rühren 3–5 Minuten braten. Salzen, pfeffern und beiseitestellen.

2. Die Orange bis auf das Fruchtfleisch schälen und die Orangenfilets mit einem Messer zwischen den Trennhäutchen herausschneiden. Die Kumquats waschen und in dünne Scheiben schneiden. Den Dill waschen, trocken schütteln und die Blättchen vom Zweig zupfen. Den Lachs waschen, mit Küchenpapier trocken tupfen und in Scheiben schneiden. Den Backofen auf 210 °C vorheizen.

3. Aus dem Blätterteig 4 Kreise von je 10 cm Durchmesser ausstechen und auf einem mit Backpapier belegten Backblech verteilen. Den Teig mehrmals mit einer Gabel einstechen. Den Pfanneninhalt auf den Teigkreisen verteilen, mit den Lachsscheiben, den Kumquats und den Orangenfilets belegen. Mit Salz und Pfeffer würzen, die Dillblättchen darüber verteilen und im vorgeheizten Backofen 20 Minuten garen. Auf Teller umsetzen und mit Schnittlauchhalmen garnieren.

Zubereitungszeit: *25 Minuten*
Kochzeit: *30 Minuten*
Personen: *4*
Schwierigkeitsgrad: *mittel*

Hummer MIT RATATOUILLE

Zutaten

1 Zwiebel
2 Knoblauchzehen
½ Aubergine
1 grüne Paprikaschote
1 gelbe Paprikaschote
1 rote Paprikaschote
8 Blätter Frisée-Salat
4 Dillzweige
4 cm Rettich
3 EL Olivenöl
Salz
frisch gemahlener Pfeffer
1 TK-Hummer, vorgekocht

AUSSERDEM

Trüffelhobel
Schaumkelle
Hummer- oder Kneifzange
Ausstechring (12 cm)

1. Die Zwiebel und den Knoblauch schälen und würfeln. Die Aubergine und die Paprika waschen, putzen und in Stifte schneiden. Den Salat und den Dill waschen und trocken schütteln. Die Blätter von den Dillzweigen zupfen. Den Rettich schälen und auf einem Trüffelhobel in hauchdünne Scheiben schneiden.

2. Das Olivenöl in einer großen Pfanne erhitzen. Die Zwiebel, den Knoblauch, die Aubergine und die Paprika darin bei mittlerer Temperatur unter gelegentlichem Wenden 10–15 Minuten zu Ratatouille braten. Mit Salz und Pfeffer abschmecken.

3. Den Hummer ausbrechen und im Dampfeinsatz eines Kochtopfes über kochendem Wasser zugedeckt 5 Minuten im heißen Dampf erwärmen und dann portionieren.

4. Die Ratatouille mithilfe eines Ausstechringes als rundes Bett auf Tellern anrichten. Restliches Olivenöl aus der Pfanne um die Ratatouille herumträufeln. Mit dem Frisée und dem Dill belegen und den Hummer daraufsetzen. Mit dem Rettich garnieren und sofort servieren.

Apfel- INGWER-CHUTNEY AUF FRISCHEM LANDBROT

Zubereitungszeit: *20 Minuten*
Kochzeit: *30 Minuten*
Kühlzeit: *1 Stunde*
Personen: *6*
Schwierigkeitsgrad: *einfach*

Zutaten
400 g Äpfel
3 Zwiebeln
1 Knoblauchzehe
Saft von 1 Zitrone
150 ml Apfelessig
40 g Rosinen
½ TL gemahlener Ingwer
¼ TL Salz
120 g brauner Zucker

BROTE
80 g Rucola
12 Scheiben frisches Landbrot
200 g körniger Frischkäse

1. Die Äpfel schälen und vierteln, die Kerne entfernen und das Fruchtfleisch in kleine Würfel schneiden. Die Zwiebeln und den Knoblauch schälen und fein würfeln. In einer Schüssel mit Zitronensaft beträufeln und mit dem Essig, den Rosinen, dem Ingwer, dem Salz, dem Knoblauch und den Zwiebeln vermischen. Den braunen Zucker dazugeben und eine Stunde ziehen lassen.

2. Die Mischung in einem Topf zum Kochen bringen und bei geringer Hitze 30 Minuten unter Rühren köcheln lassen. Das Chutney in Gläser füllen und abkühlen lassen.

3. In der Zwischenzeit den Salat waschen, putzen und trocken schütteln. Die Brotscheiben mit dem Frischkäse bestreichen und das abgekühlte Chutney daraufgeben. Mit den Salatblättern abschließen.

Zubereitungszeit: *25 Minuten*
Kochzeit: *30 Minuten*
Backzeit: *20–25 Minuten*
Personen: *4*
Schwierigkeitsgrad: *aufwendig*

Spinat-RICOTTA-AUFLAUF

Zutaten

AUFLAUF

50 g Pinienkerne
100 g Spinat
2 EL Butter
150 g Ricotta-Käse
2 Eier
Salz
Pfeffer
50 g Parmesan
110 g Mehl

TOMATEN-CHUTNEY

250 g reife Tomaten
1 Zwiebel
100 g Zucker
75 ml Apfelessig
1 TL gemahlener Zimt
Salz
Pfeffer
einige Spinatblätter zum Garnieren

AUSSERDEM

Sieb
Backförmchen (7 cm)
Backpapier

1. Den Backofen auf 160 °C vorheizen. Die Pinienkerne in einer Pfanne ohne Fett rösten. Den Spinat waschen und verlesen. Die Butter in einem Topf erhitzen und den Spinat tropfnass in den Topf geben. Umrühren und 2 Minuten kochen lassen, bis der Spinat zusammengefallen ist. Etwas abkühlen lassen und in einem Sieb abtropfen lassen.

2. Den Ricotta und die Eier in einer Schüssel verrühren. Mit Salz und Pfeffer würzen. Die Pinienkerne, den Parmesan, den ausgepressten Spinat und das Mehl unter die Ricottamasse heben.

3. Die Backförmchen mit Backpapierstreifen leicht überlappend auslegen. Die Ricottamasse in die Förmchen füllen, bis diese zu drei Vierteln gefüllt sind. Im vorgeheizten Backofen 20–25 Minuten backen.

4. In der Zwischenzeit das Tomaten-Chutney bereiten. Dazu die Tomaten waschen, von den Stielansätzen befreien und einige Sekunden in kochendes Wasser tauchen. Wenn die Haut beginnt sich zu lösen, die Tomaten in kaltes Wasser tauchen und danach die Haut abziehen. Die Tomaten grob zerkleinern. Die Zwiebel schälen und klein würfeln.

5. Die Tomaten, den Zucker, den Apfelessig, die Zwiebelwürfel und die Gewürze in einem breiten Topf bei mittlerer Hitze zum Kochen bringen. Das Chutney 20–25 Minuten unter Rühren eindicken lassen.

6. Die Spinat-Ricotta-Aufläufe aus dem Backofen nehmen, auf die Teller stürzen und das Tomaten-Chutney dazu reichen. Mit Spinatblättern garnieren.

Millefeuille AUS LACHS, ANANAS UND GURKE

Zubereitungszeit: *30 Minuten*
Personen: *4*
Schwierigkeitsgrad: *mittel*

Zutaten
1 Ananas
2 Gurken
2 EL weißer Balsamicoessig
8 EL Olivenöl
200 g frisches Lachsfilet
6 Schnittlauchhalme
Salz
frisch gemahlener Pfeffer
200 g Räucherlachs in Scheiben
50 g Keta-Lachs-Kaviar

AUSSERDEM
Auflaufform
Küchenpapier
Schnittlauchhalme zum Garnieren

1. Die Ananas schälen, längs halbieren und in möglichst dünne, rechteckige Scheiben schneiden. Die Gurken waschen, die Enden entfernen. Die Gurken in dünne Scheiben schneiden. Die Ananas- und die Gurkenscheiben in eine Auflaufform legen. Mit dem Essig und 6 EL Olivenöl beträufeln und 30 Minuten darin marinieren. Nach der Hälfte der Zeit einmal wenden.

2. In der Zwischenzeit das Lachsfilet waschen, mit Küchenpapier trocken tupfen und fein würfeln. Den Schnittlauch waschen, trocken schütteln und in kleine Röllchen schneiden. Die Lachswürfel, den Schnittlauch und das restliche Olivenöl vermengen, mit Salz und Pfeffer abschmecken.

3. Die Gurke, die Ananas und den Räucherlachs abwechselnd zu 4 Millefeuilles schichten und mit dem Lachstatar und dem Keta-Kaviar krönen. Mit Schnittlauchhalmen garnieren.

Verrine MIT AVOCADO, ROTER BETE UND PARMESAN-HIPPEN

Zubereitungszeit: *30 Minuten*
Backzeit: *8 Minuten*
Personen: *4*
Schwierigkeitsgrad: *mittel*

Zutaten

100 g geriebener Parmesan
300 g gekochte Rote Bete (aus dem Gemüseregal)
150 g griechischer Joghurt
1 EL Weißweinessig
1 EL Zucker
Salz
frisch gemahlener Pfeffer
1 Knoblauchzehe
2 Avocados (Sorte „Hass“)
Saft von 1 Limette
1 TL Worchestersauce
1 Prise Cayennepfeffer
4 EL Granatapfelkerne zum Garnieren

AUSSERDEM

Backblech
Backpalette / Backspachtel

1. Den Backofen auf 200 °C vorheizen. Den Parmesan in kleinen Häufchen mit etwas Abstand zueinander auf ein Backblech streuen. Im vorgeheizten Backofen 6–8 Minuten leicht gebräunt backen. Etwas abkühlen lassen und zum vollständigen Auskühlen mithilfe einer Backpalette vorsichtig vom Blech lösen und auf eine Platte umsetzen.

2. Die Rote Bete zuerst in dünne Scheiben und dann in feine Streifen schneiden. Mit dem Joghurt, dem Essig und dem Zucker zu einem Rote-Bete-Salat verrühren, mit Salz und Pfeffer abschmecken.

3. Den Knoblauch schälen und fein hacken. Die Avocados halbieren, entkernen und das Fruchtfleisch mit einem Esslöffel aus den Schalen heben. Mit einer Gabel zu einer Avocadocreme verarbeiten; den Knoblauch, den Limettensaft, die Worchestersauce und den Cayennepfeffer einrühren. Mit Salz abschmecken.

4. Den Rote-Bete-Salat in 4 Gläser verteilen. Die Avocadocreme daraufschichten und mit den Parmesan-Hippen sowie den Granatapfelkernen garnieren.

Rindercarpaccio MIT PASSIONSFRUCHT UND LIMETTEN

Zubereitungszeit: *25 Minuten*
Personen: *4*
Schwierigkeitsgrad: *mittel*

Zutaten

2 unbehandelte Limetten
2 Passionsfrüchte
500 g Rinderfilet
2–3 EL mildes Olivenöl
Salz
frisch gemahlener Pfeffer

AUSSERDEM

Zestenreißer
Frischhaltefolie
Plattiereisen

1. Die Limetten waschen und trocken reiben. Mit einem Zestenreißer die Schale von einer Limette in dünnen Streifen entfernen. Die Limetten auspressen. Die Passionsfrüchte halbieren und das Fruchtfleisch mit einem Löffel herauslösen.

2. Das hauchdünn geschnittene Rinderfilet zwischen zwei Lagen Frischhaltefolie plattieren. Das Rindercarpaccio mit dem Limettensaft und der Passionsfrucht marinieren. Das milde Olivenöl darüberträufeln und mit Salz und zerstoßenem Pfeffer würzen. Mit der Limettenschale garniert servieren.

Timbale MIT SCHINKEN UND BIRNEN

Zubereitungszeit: *25 Minuten*
Backzeit: *15 Minuten*
Personen: *6*
Schwierigkeitsgrad: *mittel*

Zutaten

100 g Namekopilze (aus dem Glas)
6 Williams-Birnen
300 g Bergkäse (Beaufort)
6 dünne Scheiben Parmaschinken
1 EL gehackte Petersilie
100 g Blattsalatmischung
5 EL Olivenöl
Meersalz
frisch gemahlener Pfeffer
2 EL weißer Balsamico
1 TL Dijonsenf

AUSSERDEM

Sieb
6 Timbaleförmchen (8 cm)
Backpinsel
Butter für die Förmchen
Salatschleuder
Rosa Pfefferbeeren und Walnüsse zum Garnieren

1. Die Pilze auf einem Sieb abtropfen lassen. Den Backofen auf 160 °C vorheizen. Die Birnen waschen, schälen und in dünne Spalten schneiden. Den Käse in dünne Streifen schneiden.

2. Die Förmchen mit Butter auspinseln. Darin abwechselnd die Birnenstücke, den Schinken und den Käse einschichten. Die Petersilie darüberstreuen. Im vorgeheizten Backofen 15 Minuten überbacken.

3. In der Zwischenzeit den Salat waschen, putzen und trocken schleudern. 2 EL Olivenöl in einer beschichteten Pfanne erhitzen und die Pilze darin unter Wenden 5 Minuten braten. Mit Salz und Pfeffer würzen.

4. Den Balsamico mit dem Senf verrühren. Das restliche Olivenöl in dünnem Strahl unter Rühren hinzufügen, bis eine glatte Vinaigrette entstanden ist. Mit Salz und Pfeffer würzen.

5. Den Salat auf Tellern anrichten, mit der Vinaigrette beträufeln und die Timbale daneben stürzen. Die gebratenen Pilze darüber verteilen. Mit den Rosa Pfefferbeeren und den Walnüssen garnieren.

Taboulé MIT BLUMENKOHL

Zubereitungszeit: *25 Minuten*
Personen: *4*
Schwierigkeitsgrad: *einfach*

Zutaten
100 g Couscous
½ Blumenkohl
1 Bund glatte Petersilie
1 Bund Koriander
5 Minzezweige
Salz
frisch gemahlener Pfeffer
2 Knoblauchzehen
3 EL weißer Balsamico
2 TL Senf
60 ml mildes Olivenöl
60 ml Rapsöl

AUSSERDEM
Sieb
Stabmixer

1. Den Couscous 15 Minuten in lauwarmem Wasser einweichen. In einem Sieb abtropfen lassen. Den Blumenkohl waschen, die Röschen vom Strunk herunterschneiden und hacken.

2. Die Kräuter waschen, trocken schütteln und die Blätter hacken. Die Kräuter, den Couscous und den Blumenkohl zu einem Taboulé vermischen, mit Salz und Pfeffer würzen.

3. Den Knoblauch schälen und hacken. Zusammen mit dem Essig, dem Senf und beiden Ölen mit einem Stabmixer zu einem Knoblauchdressing pürieren. Mit Salz und Pfeffer abschmecken.

4. Das Dressing in 4 Gläsern verteilen und das Taboulé daraufschichten. Sofort servieren.

Avocado-COCKTAIL MIT SHRIMPS UND COCKTAILSAUCE

Zubereitungszeit: *20 Minuten*
Personen: *4*
Schwierigkeitsgrad: *mittel*

Zutaten

COCKTAILSAUCE

50 g Mayonnaise
50 g Ketchup
2 Prisen Cayennepfeffer
20 ml Cognac
1 Spritzer Worchestersauce
Salz
1 EL Sahne

AVOCADOCOCKTAIL

1 Handvoll Rucola
6 Petersilienzweige
2 Avocados
Saft von ½ Zitrone
Salz
frisch gemahlener Pfeffer
250 g gekochte Shrimps ohne Schale

AUSSERDEM

Salatschleuder
4 Gläser
Chicorée und Dill zum Garnieren

1. Alle Zutaten für die Cocktailsauce verrühren und im Kühlschrank kalt stellen.

2. Für den Avocadococktail den Rucola waschen und trocken schleudern. Die Petersilie waschen, trocken schütteln und die Blätter hacken. Die Avocados halbieren, die Kerne entfernen und das Fruchtfleisch mit einem großen Löffel herausheben. In Würfel schneiden und mit dem Zitronensaft vermischen. Mit Salz und Pfeffer würzen.

3. Den Rucola, die Petersilie und die Avocados mischen und in 4 Gläser füllen. Die Shrimps darauf anrichten und mit der Cocktailsauce beträufeln. Mit Chicorée und Dill garnieren und sofort servieren.

Gefüllte WIRSINGROLLEN MIT TERIYAKI-SAUCE

Zubereitungszeit: *25 Minuten*
Kochzeit: *15 Minuten*
Personen: *4*
Schwierigkeitsgrad: *einfach*

Zutaten
300 g Möhren
1 Zucchini
5 Stangen Staudensellerie
3 EL Erdnussöl
Salz
Pfeffer
1 kleiner Wirsing
500 ml Gemüsebrühe
50 ml Teriyakisauce

AUSSERDEM
Eiswürfel
Sieb

1. Die Möhren und die Zucchini waschen, putzen, schälen und in dünne Stifte von 10 cm Länge schneiden. Die Selleriestangen waschen, putzen und die Fäden von den Stangen abziehen. Den Sellerie in Abschnitte von 10 cm teilen. Das Öl in einer Pfanne erhitzen. Die Gemüse darin unter Wenden 4 Minuten bissfest andünsten, dabei nicht bräunen. Mit Salz und Pfeffer würzen.

2. 12 große Blätter vom Wirsingkohl entfernen, die dicke Blattader in der Mitte herausschneiden und den Kohl etwa 2 Minuten in Salzwasser blanchieren. Dann sofort in Eiswasser abschrecken und abtropfen lassen. Den restlichen Kohl anderweitig verwenden.

3. Jeweils 1 Kohlblatt auf die Arbeitsfläche legen. Mit dem vorbereiteten Gemüse füllen, die Blätter um das Gemüse einschlagen. In einen Topf legen, die Brühe angießen und darin 5 Minuten erwärmen. Die Wirsingröllchen mit Teriyakisauce servieren.

Zubereitungszeit: *25 Minuten*
Kochzeit: *15 Minuten*
Personen: *4*
Schwierigkeitsgrad: *mittel*

Mimosa-Eier MIT LAUCH

Zutaten

AIOLI

5 Knoblauchzehen
1 Eigelb
Salz
1 EL Senf
1 Prise Zucker
1 TL Zitronensaft
200 ml Sonnenblumenöl

MIMOSA-EIER

6 Eier
3 TL Dijonsenf
2 EL Sahne
3 TL Mayonnaise

AUSSERDEM

16 Stangen Lauch (Porree)
½ Bund Petersilie
Sieb
Schneidstab
Spritzbeutel mit Tülle

1. Den Knoblauch schälen und klein schneiden. Mit dem Eigelb, 1 Prise Salz, dem Senf, dem Zucker und dem Zitronensaft verrühren und mit einem Schneidstab verquirlen. Dabei das Öl in dünnem Strahl hinzufügen, bis eine Mayonnaise entsteht.

2. Den Lauch putzen, waschen und einmal längs halbieren. In leicht gesalzenem Wasser 5–7 Minuten dünsten und auf einem Sieb abtropfen lassen. Die Petersilie waschen, trocken schütteln und klein hacken.

3. Die Eier 10 Minuten hart kochen, unter kaltem Wasser abschrecken und halbieren. Mit einem kleinen Löffel den Dotter vorsichtig herauslösen und mit dem Senf, der Sahne und der Mayonnaise zu einer glatten Masse verrühren.

4. Die Mimosa-Masse in einen Spritzbeutel füllen und wieder dekorativ in die halben Eier spritzen. Die Mimosa-Eier mit den Lauchstangen auf Teller verteilen und mit der Petersilie bestreuen. Die Aioli dazu reichen.

Zubereitungszeit: *15 Minuten*
Backzeit: *25 Minuten*
Personen: *6*
Schwierigkeitsgrad: *mittel*

Käsesoufflé

Zutaten
60 g Butter
30 g Mehl
200 ml Milch
70 g Sahne
Salz
Pfeffer
1 Prise geriebene Muskatnuss
5 Eigelb
150 g geriebener Parmesan
5 Eiweiß
Butter für die Formen

AUSSERDEM
6 Soufflé-Förmchen (à ca. 120 ml)
Fettpfanne oder Auflaufform

1. Den Backofen auf 200 °C vorheizen. Die Butter in einem Topf schmelzen. Das Mehl auf einmal dazugeben und unter Rühren aufkochen lassen. Die Milch und die Sahne nach und nach einrühren und unter ständigem Rühren 5 Minuten kochen lassen. Mit Salz, Pfeffer und Muskat würzen. Die Masse vom Herd nehmen.

2. Das Eigelb und den geriebenen Parmesan in die Masse einrühren. Die Soufflé-Masse abkühlen lassen. Das Eiweiß mit 1 Prise Salz steif aufschlagen und unterheben.

3. Die Förmchen buttern und die Masse in die Förmchen einfüllen, bis diese zu zwei Dritteln gefüllt sind. In einer Fettpfanne ein 90 °C heißes Wasserbad vorbereiten. Die Förmchen in das Wasserbad setzen und im vorgeheizten Backofen 25 Minuten backen, ohne die Backofentür zu öffnen. Vorsichtig aus dem Backofen nehmen und sofort servieren.

Suppen

Zubereitungszeit: *30 Minuten*
Kochzeit: *1,5 Stunden*
Personen: *4*
Schwierigkeitsgrad: *mittel*

Flädlesuppe

Zutaten

SUPPE

1,2 kg Hähnchenkeulen
1 TL Salz
2 Bund Suppengrün
1 Bund Liebstöckel
2 Petersilienwurzeln
½ Bund Thymian
6 Wacholderbeeren
2 Lorbeerblätter
2 Zwiebeln
Salz
Pfeffer
1 Bund Schnittlauch

FLÄDLE

50 g Mehl
100 ml Milch
½ TL Salz
2 Eier
Pflanzenöl zum Braten

AUSSERDEM

Schaumkelle
Tuch
Sieb

1. Für die Suppe die Hähnchenkeulen gut abspülen. In einen großen Topf mit 1,5 l kaltem Wasser geben und langsam zum Kochen bringen. Dabei den aufsteigenden Schaum mit einer Schaumkelle abschöpfen. 30 Minuten bei geringer Hitze kochen lassen, dabei immer wieder abschäumen.

2. Die Suppe salzen und das Suppengrün putzen und klein schneiden. Das klein geschnittene Suppengrün zusammen mit dem Liebstöckel in die Suppe geben. Die Petersilienwurzeln schälen, klein schneiden und ebenfalls in die Suppe geben. Den Thymian, den Wacholder und den Lorbeer hinzufügen. Die Zwiebeln schälen, halbieren und ebenfalls in den Topf geben. 1 Stunde bei geringer Hitze kochen lassen.

3. Die Brühe vorsichtig durch ein mit einem Geschirrtuch ausgekleidetes Sieb direkt in einen anderen Topf passieren. Die Suppe erneut zum Kochen bringen, auf etwa 1 l reduzieren lassen und mit Salz und Pfeffer abschmecken.

4. Für die Flädle das Mehl, die Milch, das Salz und die Eier verquirlen. 5 Minuten quellen lassen und in einer beschichteten Pfanne mit ein paar Tropfen Öl zu Pfannkuchen ausbacken.

5. Den Schnittlauch waschen, trocken schütteln und in schmale Ringe schneiden. Die Suppe in Schälchen anrichten, die Pfannkuchenstreifen hinzufügen und mit dem Schnittlauch bestreuen.

Zubereitungszeit: *30 Minuten*
Kochzeit: *30 Minuten*
Personen: *4*
Schwierigkeitsgrad: *mittel*

Asiatische Suppe MIT GARNELEN

Zutaten
50 g Langkornreis
1 l Geflügelbrühe
1 rote Paprikaschote
40 g Ingwer
300 g Spinat
4 große Garnelen (Black Tiger)
400 ml Fischfond
1 TL Asia-Fischsauce
Salz

1. Den Reis in 150 ml Geflügelbrühe aufkochen und 20 Minuten gar ziehen lassen.

2. Die Paprika putzen, entkernen und waschen. Das Fruchtfleisch in kleine Stücke schneiden. Den Ingwer schälen und hacken. Die Paprika und den Ingwer in der restlichen heißen Brühe 5 Minuten kochen.

3. Den Spinat putzen, waschen und in der Brühe zusammenfallen lassen.

4. Die Garnelen waschen, schälen und die Schwanzflosse dabei stehen lassen. Den Fischfond und die Fischsauce in einem mittelgroßen Topf zum Kochen bringen. Die Garnelen darin für 4 Minuten gar ziehen lassen.

5. Die Gemüsebrühe hinzufügen und alles mit Salz abschmecken. Den Reis in Schälchen verteilen und die Asiasuppe dazugeben.

Gemüsesuppe MIT KARTOFFEL-RAVIOLI

Zubereitungszeit: *35 Minuten*
Kochzeit: *40 Minuten*
Ruhezeit: *2 Stunden*
Personen: *4*
Schwierigkeitsgrad: *aufwendig*

Zutaten

RAVIOLI

200 g Weizenmehl
2 Eier
1 gestrichener EL Olivenöl
¼ TL Salz
350 g Kartoffeln
1 Eigelb
Salz
Pfeffer
einige Tropfen Trüffelöl
Mehl für die Arbeitsfläche

SUPPE

1 Zucchini
2 Möhren
1,2 l Gemüsebrühe
2 EL Sojasauce

AUSSERDEM

Frischhaltefolie
Sieb
Kartoffelpresse
Ravioli-Rad

1. Für den Teig das Mehl auf die Arbeitsfläche sieben und eine Vertiefung in die Mitte drücken. Die Eier verquirlen und in die Vertiefung geben. Das Olivenöl und das Salz zugeben und von der Mitte ausgehend mit immer mehr Mehl vermischen. So kneten, bis ein glatter, fester Teig entsteht. Den Teig zu einer Kugel formen, in Frischhaltefolie wickeln und 1 Stunde im Kühlschrank kalt stellen.

2. In der Zwischenzeit die Kartoffeln schälen, halbieren und 30 Minuten gar kochen. Abgießen, abtropfen und abdampfen lassen. Durch eine Kartoffelpresse drücken. Mit dem Eigelb vermischen, mit Salz, Pfeffer und dem Trüffelöl abschmecken.

3. Die Zucchini waschen und die Enden abschneiden. Die Möhren schälen. Die Zucchini und die Möhren in feine Streifen schneiden.

4. Den Teig auf einer bemehlten Arbeitsfläche hauchdünn ausrollen und in 2 gleich große Rechtecke schneiden. Eines der beiden Teigquadrate mit dem Messerrücken in 2 cm große Quadrate unterteilen. Jeweils in die Mitte der Quadrate etwas Kartoffelmasse platzieren. Das zweite Teigrechteck deckungsgleich über den Teig mit den Füllungen legen und andrücken.

5. Die Ravioli mit einem Ravioli-Rad oder Messer auseinander schneiden. 1 Stunde kalt stellen, dann 1–2 Minuten in kochendem Salzwasser garen.

6. Die Gemüsebrühe zum Kochen bringen und das Gemüse darin 3–4 Minuten garen. Die Brühe mit Sojasauce abschmecken. Die Ravioli in 4 Suppenschalen verteilen und mit der Gemüsesuppe aufgießen.

BLAUE *Kartoffelsuppe*

Zubereitungszeit: *25 Minuten*
Kochzeit: *30 Minuten*
Personen: 6
Schwierigkeitsgrad: *einfach*

Zutaten
1 kg blaue Kartoffeln
1 Zwiebel
50 g Butter
400 ml Geflügelbrühe
Salz
frisch gemahlener Pfeffer
1 Bund Petersilie
200 g Crème fraîche
2 EL Rosa Pfefferkörner

AUSSERDEM
Stabmixer

1. Die Kartoffeln schälen und in kleine Stücke schneiden. Die Zwiebel schälen und würfeln. Die Butter in einer großen Kasserolle schmelzen. Die Zwiebel und die Kartoffeln darin anbraten, mit der Brühe auffüllen und mit Salz und Pfeffer würzen. Alles bei schwacher Hitze 30 Minuten kochen lassen.

2. In der Zwischenzeit die Petersilie waschen, trocken schütteln und fein hacken.

3. Die Suppe mit einem Stabmixer fein pürieren und nochmals abschmecken. Die Suppe auf 6 Teller verteilen und jeweils einen Klecks Crème fraîche hinzufügen. Mit der gehackten Petersilie und dem Rosa Pfeffer garnieren. Sofort servieren.

Kartoffel- ORANGEN-MÖHRENSUPPE

Zubereitungszeit: *30 Minuten*
Kochzeit: *25 Minuten*
Personen: *4*
Schwierigkeitsgrad: *mittel*

Zutaten
300 g Möhren
300 g vorwiegend festkochende Kartoffeln
1 Zwiebel
1 walnussgroßes Stück Ingwer
1 EL Olivenöl
15 g Butter
½ TL gemahlener Kreuzkümmel
1 Msp. Kurkuma
500 ml Gemüsebrühe
2 große unbehandelte Orangen
50 g Sahne
Salz
Cayennepfeffer

AUSSERDEM
Zestenreißer
Stabmixer
Majoranblättchen zum Garnieren

1. Die Möhren und die Kartoffeln waschen, schälen und klein würfeln. Die Zwiebel und den Ingwer schälen und klein würfeln. In einem großen Topf das Olivenöl und die Butter erhitzen. Die Zwiebeln, den Ingwer und alle Gewürze hinzufügen und so lange braten, bis die Zwiebeln glasig sind.

2. Die Möhren und die Kartoffeln hinzufügen. Die Brühe hinzufügen, zum Kochen bringen und 15–20 Minuten kochen, bis das Gemüse weich ist.

3. In der Zwischenzeit mit einem Zestenreißer die Schale von 1 Orange schälen und beiseite stellen.

4. Die Orangen auspressen und den Saft zur Suppe geben. Aufkochen lassen und die Suppe mit einem Stabmixer pürieren. Die Sahne dazugeben und mit Salz und Cayennepfeffer würzen. In vorgewärmte Suppenschüsseln geben und mit den Orangenzesten und den Majoranblättchen garnieren.

Zubereitungszeit: *25 Minuten*
Kochzeit: *40 Minuten*
Personen: *4*
Schwierigkeitsgrad: *mittel*

Asiatische Rinderbrühe

Zutaten

EIERSTICH

1 Ei
100 ml Milch
Salz
geriebene Muskatnuss

BRÜHE

1 l kräftige Rinderbrühe
2 Stangen Zitronengras
2 EL Sojasoße
Saft von ½ Limette
200 g mageres Rindfleisch
1 rote Paprikaschote
1 Bund Koriander
75 g Glasnudeln

AUSSERDEM

Alufolie
Sieb

1. Für den Eierstich das Ei, die Milch sowie etwas Salz und Muskatnuss in einer Schüssel verquirlen. Die Eiermilch in 1–2 gefettete Tassen gießen. Die Tassen mit Alufolie verschließen und diese am Tassenrand gut andrücken.

2. Die Tassen für den Eierstich in einen Topf stellen und so viel heißes Wasser eingießen, bis die Tassen zu ca. zwei Dritteln im Wasser stehen. Das Wasser aufkochen. Den Eierstich zugedeckt bei schwacher Hitze 30 Minuten stocken lassen. Anschließend aus den Tassen stürzen und zu kleinen Quadraten schneiden.

3. Die Brühe zum Kochen bringen. Das Zitronengras waschen, schälen und klein schneiden. In die Brühe geben und 5 Minuten kochen lassen. Mit der Sojasoße und dem Limettensaft abschmecken.

4. Das Rindfleisch in hauchdünne Streifen schneiden. Die Paprika putzen, entkernen und waschen. Das Fruchtfleisch in kleine Stücke schneiden. Den Koriander waschen und trocken schütteln. Die Blätter von den Stielen zupfen und klein schneiden.

5. Die Brühe durch ein Sieb filtern und wieder zum Kochen bringen. Die Paprika, das Rindfleisch und die Nudeln dazugeben, alles 3–4 Minuten kochen lassen. Die Suppe abschmecken und in Schälchen verteilen. Den Koriander und den Eierstich hinzufügen.

Zubereitungszeit: *25 Minuten*
Kochzeit: *35 Minuten*
Personen: *6*
Schwierigkeitsgrad: *einfach*

Brokkolisuppe MIT BACON

Zutaten

1 Brokkoli
Salz
1 Stange Staudensellerie
2 mittelgroße Kartoffeln
2 Zwiebeln
3 EL Butter
1 l Gemüsebrühe
Pfeffer
4 Scheiben Bacon (Frühstückspeck)

AUSSERDEM

Eiswürfel
Küchenpapier
Stabmixer

1. Den Brokkoli putzen, waschen und die Röschen vom Strunk schneiden. Die Brokkoliröschen 5–7 Minuten in Salzwasser blanchieren, dann sofort in Eiswasser abschrecken.

2. Den Sellerie putzen, waschen und klein schneiden. Die Kartoffeln schälen und würfeln. Die Zwiebeln schälen und würfeln.

3. Die Butter in einem großen Topf erhitzen, die Zwiebeln darin anschwitzen. Die Kartoffeln und den Sellerie hinzufügen, kurz anschwitzen. Mit der Brühe auffüllen, zum Kochen bringen und 30 Minuten köcheln lassen. Die Brokkoliröschen hinzufügen und die Suppe mit einem Stabmixer pürieren. Mit Salz und Pfeffer abschmecken.

4. In der Zwischenzeit die Speckscheiben in einer trockenen, beschichteten Pfanne auslassen. Den Speck quer halbieren und auf Küchenpapier abtropfen lassen.

5. Die fertige Suppe mit einem Stabmixer pürieren. Die Suppe auf sechs Teller verteilen und den Speck hinzufügen. Heiß servieren.

Süßkartoffel- CHICORÉE-SUPPE

Zubereitungszeit: *20 Minuten*
Kochzeit: *40 Minuten*
Personen: *6*
Schwierigkeitsgrad: *einfach*

Zutaten
350 g Süßkartoffeln
3 kleine Chicorée
2 Schalotten
4 EL Butter
1 TL Zucker
2 l Hühnerbrühe
1 Bund Petersilie
Salz
frisch gemahlener Pfeffer
6 EL Sahne

AUSSERDEM
Stabmixer

1. Die Süßkartoffeln waschen, schälen und in kleine Stücke schneiden. Den Chicorée waschen, jeweils den bitteren Strunk entfernen, die Blätter putzen und klein schneiden. Die Schalotten schälen und klein würfeln. Die Butter in einer Kasserolle erhitzen. Die Schalotten und die Kartoffeln hinzufügen und darin anschwitzen. Den Chicorée und den Zucker hineingeben und mit der Brühe ablöschen. Alles aufkochen, salzen und für 30–40 Minuten bei geringer Hitze kochen lassen.

2. In der Zwischenzeit die Petersilie waschen, trocken schütteln und die Blätter klein hacken. Die Suppe mit einem Stabmixer fein pürieren und mit Salz und Pfeffer abschmecken. Die Petersilie in die heiße Suppe geben und auf sechs Teller verteilen. Jeweils 1 EL Sahne als Spirale in die Suppe zeichnen. Sofort servieren.

Lauchsuppe
MIT PFANNKUCHEN

Zubereitungszeit: *30 Minuten*
Kochzeit: *40 Minuten*
Personen: *4*
Schwierigkeitsgrad: *mittel*

Zutaten

SUPPE

2 Bund Suppengrün
1 Bund Liebstöckel
2 Petersilienwurzeln
½ Bund Thymian
6 Wacholderbeeren
2 Lorbeerblätter
1 Zwiebel
Salz
frisch gemahlener Pfeffer
1 Stange Lauch (Porree)

PFANNKUCHEN

50 g Mehl
100 ml Milch
½ TL Salz
2 Eier
Pflanzenöl zum Braten

AUSSERDEM

Teefilter
Tuch
Sieb
Rosa Pfefferbeeren und Dillfähnchen zum Garnieren

1. Für die Suppe das Suppengrün putzen und klein schneiden. Das klein geschnittene Suppengrün zusammen mit dem ganzen Bund Liebstöckel in 1,5 l Wasser geben. Die Petersilienwurzeln schälen, klein schneiden und ebenfalls in die Suppe geben. Den Thymian, den Wacholder und den Lorbeer in einen Teefilter geben und hinzufügen. Die Zwiebel schälen, halbieren und ebenfalls in den Topf geben. Mit Salz und Pfeffer würzen und 30 Minuten köcheln lassen.

2. In der Zwischenzeit für die Pfannkuchen das Mehl, die Milch, das Salz und die Eier verquirlen. 5 Minuten quellen lassen und in einer beschichteten Pfanne mit ein paar Tropfen Öl zu Pfannkuchen ausbacken.

3. Die Brühe vorsichtig durch ein mit einem Geschirrtuch ausgekleidetes Sieb passieren. Den Lauch putzen, in feine Ringe schneiden und in einem Sieb unter fließendem kaltem Wasser abspülen. Die Suppe in einem anderen Topf erneut zum Kochen bringen. Den Lauch hinzufügen, die Suppe nochmals 5–8 Minuten kochen lassen und abschmecken.

4. Die Pfannkuchen einrollen und in Streifen schneiden. Die Brühe auf Teller aufteilen und die Streifen hinzufügen. Mit Rosa Pfefferbeeren und Dillfähnchen garnieren.

Möhren–
CREME-SUPPE MIT ROTE-BETE-CHIPS

Zubereitungszeit: *20 Minuten*
Kochzeit: *20 Minuten*
Backzeit: *20 Minuten*
Personen: *6*
Schwierigkeitsgrad: *mittel*

Zutaten
2–3 Rote Bete
4 EL Olivenöl
Salz
frisch gemahlener Pfeffer
800 g Möhren
2 Zwiebeln
½ TL Korianderpulver
1 l Gemüsebrühe
200 g Sahne
1 TL Rosa Pfefferbeeren

AUSSERDEM
Küchenreibe (Mandoline)
Backofenrost
Backpapier
Backpinsel
Petersilie zum Garnieren
Stabmixer

1. Den Backofen auf 150 °C vorheizen. Die Rote Bete schälen und auf einer Küchenreibe in dünne Scheiben hobeln. Das Backofenrost mit Backpapier bedecken und die Rote-Bete-Scheiben darauf verteilen. Mit einem Backpinsel 2 EL Olivenöl darüber verteilen. Mit Salz und Pfeffer würzen. Im vorgeheizten Backofen 15–20 Minuten backen, bis die Chips gar sind und anfangen zu bräunen.

2. Die Möhren schälen und bis auf 2 Wurzeln fein reiben. Die Zwiebeln schälen und fein würfeln. Das restliche Öl in einem Topf erhitzen und die Zwiebeln darin unter Rühren glasig werden lassen. Die Möhren hinzufügen und mit Koriander, Salz und Pfeffer würzen. Fünf Minuten dünsten lassen und dabei rühren. Mit der Brühe ablöschen, die Wurzeln hinzufügen und mit geschlossenem Deckel 15 Minuten köcheln lassen.

3. Vom Herd nehmen, die beiden Wurzeln herausnehmen und mit einem Stabmixer pürieren, bis eine sämige Suppe entsteht. Eventuell noch etwas heißes Wasser zugießen. Die Sahne hinzufügen, die Möhrensuppe noch einmal ganz kurz aufkochen und mit Salz und Pfeffer abschmecken.

4. Die Wurzeln klein schneiden und mit den Rote-Bete-Chips und gemahlenen Rosa Pfefferbeeren in Schälchen füllen. Mit Petersilie garnieren.

Blumenkohl-CREMESUPPE MIT HERZMUSCHELN

Zubereitungszeit: *25 Minuten*
Kochzeit: *25 Minuten*
Personen: *4*
Schwierigkeitsgrad: *mittel*

Zutaten
1 Blumenkohl
1 Zwiebel
3 EL Butter
1 EL Mehl
600 ml Geflügelbrühe
Saft einer Zitrone
Salz
200 g Herzmuscheln
500 ml Weißwein
100 g Frischkäse
200 g Sahne
Muskat

AUSSERDEM
Stabmixer
Schnittlauchröllchen zum Garnieren

1. Den Blumenkohl zerteilen, putzen und waschen. Die Stiele und Röschen klein schneiden. Die Zwiebel schälen und fein würfeln. In einem großen Topf die Butter erhitzen. Den Blumenkohl darin anschwitzen, aber nicht bräunen lassen. Mit dem Mehl bestäuben und gut verrühren. Mit Geflügelbrühe auffüllen, unter Rühren aufkochen, den Zitronensaft zugeben, das Ganze salzen und 20 Minuten kochen lassen.

2. In der Zwischenzeit die Muscheln waschen, putzen und bereits geöffnete Muscheln entfernen. Den Weißwein in einem Topf erhitzen. Die Muscheln dazugeben und bei geschlossenem Deckel 4 Minuten kochen lassen. Dabei ab und zu umrühren. Ungeöffnete Muscheln entfernen.

3. Die Blumenkohlsuppe mit einem Stabmixer fein pürieren, den Frischkäse und die Sahne hineinrühren. Die Suppe mit Salz und Muskat abschmecken, die Muscheln auf die Teller verteilen und mit der Suppe auffüllen. Mit Schnittlauchröllchen garnieren.

Curry-LINSENSUPPE

Zubereitungszeit: *20 Minuten*
Kochzeit: *25 Minuten*
Personen: *4*
Schwierigkeitsgrad: *einfach*

Zutaten
2 Zwiebeln
200 g gelbe Linsen
30 g Butter
2 TL Curry
200 ml Orangensaft
500 ml Geflügelbrühe
½ TL Korianderpulver
Salz

AUSSERDEM
Sieb
frischer Koriander zum Garnieren

1. Die Zwiebeln schälen und würfeln. Die Linsen über einem Sieb waschen. Die Butter in einem Topf erhitzen, die Zwiebeln darin glasig anschwitzen. Das Curry hinzufügen und kurz mitrösten. Die Linsen dazugeben und mit dem Orangensaft und der Brühe auffüllen. Mit Koriander und Salz würzen. Zum Kochen bringen und bei niedriger Hitze zugedeckt 25 Minuten kochen. Dabei öfter umrühren.

2. Die Suppe mit Salz und Curry abschmecken. Auf Schälchen verteilen und mit Koriander garnieren. Dazu schmecken herzhafte Blätterteigschnecken.

Zubereitungszeit: *20 Minuten*
Kochzeit: *25 Minuten*
Personen: *4*
Schwierigkeitsgrad: *einfach*

Tomaten-GURKEN-SUPPE

Zutaten
1 Zwiebel
1 Knoblauchzehe
2 EL Olivenöl
600 g reife Tomaten
100 ml Weißwein
150 ml Gemüsebrühe
1 Lorbeerblatt
½ TL Cumin
Salz
frisch gemahlener Pfeffer
1 große Salatgurke
4 Prisen Espelette-Pfeffer (Piment d' Espelette)

AUSSERDEM
Pürierstab
gehackte Petersilie zum Garnieren

1. Die Zwiebel und den Knoblauch schälen und in kleine Würfel schneiden. Das Olivenöl erhitzen und die vorbereiteten Zutaten darin glasig dünsten. Die Tomaten waschen, grob würfeln und dazugeben. 5 Minuten unter Rühren schmelzen lassen. Mit dem Weißwein und der Brühe ablöschen und zum Kochen bringen. Mit dem Lorbeerblatt und dem Cumin sowie Salz und Pfeffer würzen. 15 Minuten köcheln lassen.

2. In der Zwischenzeit die Gurke waschen, schälen, entkernen und klein schneiden. Die Gurkenstücke – bis auf einige zum Garnieren – in die Suppe geben und aufkochen. Die Tomaten-Gurken-Suppe mit Espelette-Pfeffer und Salz abschmecken. Mit einem Pürierstab fein pürieren. Die Suppe in Tellern anrichten, und in die Mitte jeder Suppe einen Teil der Gurkenstücke und der gehackten Petersilie geben.

Zubereitungszeit: *30 Minuten*
Kochzeit: *40 Minuten*
Personen: *6*
Schwierigkeitsgrad: *einfach*

Kokos-
GRÜNKOHL-SUPPE

Zutaten

1 kleiner Grünkohl
500 g Kartoffeln
2 Schalotten
3 EL Butter
300 ml Gemüsebrühe
1 Bund Koriander
1 Dose Kokosmilch (400 ml)
Salz
frisch gemahlener Pfeffer
1 EL Koriandersamen

AUSSERDEM

Eiswürfel
Stabmixer

1. Die welken Blätter vom Grünkohl entfernen. Die Blätter vom Strunk schneiden, waschen und abtropfen lassen. Die dicken Blattadern entfernen. Die Kohlblätter 5 Minuten in Salzwasser blanchieren, dann sofort in Eiswasser abschrecken. Abtropfen und in Streifen schneiden.

2. Die Kartoffeln schälen und würfeln. Die Schalotten schälen und würfeln.

3. Die Butter in einem großen Topf erhitzen, die Schalotten darin anschwitzen. Die Kartoffeln und den Kohl hinzufügen, kurz anschwitzen. Mit der Brühe auffüllen, zum Kochen bringen und 35 Minuten köcheln lassen.

4. In der Zwischenzeit den Koriander waschen, trocken schütteln und – bis auf einige Stiele zum Garnieren – klein schneiden. Den geschnittenen Koriander zur fertigen Suppe geben und alles mit einem Stabmixer pürieren. Die Kokosmilch hinzufügen und bei schwacher Hitze 5 Minuten köcheln lassen. Die Suppe mit Salz und Pfeffer abschmecken. Die Suppe auf sechs Teller verteilen und mit den Korianderblättern und -samen garnieren. Heiß servieren.

Salate und Beilagen

Garnelen-MANGO-GRANAT-APFELSALAT

Zubereitungszeit: *35 Minuten*
Kochzeit: *2 Minuten*
Personen: *4*
Schwierigkeitsgrad: *mittel*

Zutaten
150 g Rucola
1 Granatapfel
1 Mango
3 EL Orangensaft
4 EL Traubenkernöl
Salz
Pfeffer
8 große, rohe Garnelen mit Schale, ohne Kopf
2 EL Butter
einige Scheiben Zucchini

AUSSERDEM
Salatschleuder
Küchenpapier

1. Den Rucola waschen und trocken schleudern. Als Salatbett auf vier Teller verteilen. Den Granatapfel mehrfach auf ein Holzbrett klopfen, halbieren und die Kerne herauslösen. Die Mango schälen und das Fruchtfleisch in dünnen Scheiben vom Kern schneiden.

2. Aus dem Orangensaft und dem Traubenkernöl ein Dressing bereiten. Mit Salz und Pfeffer abschmecken.

3. Die Garnelen schälen, die Schwanzflosse dabei stehen lassen. Mit Salz und Pfeffer würzen. Die Butter in einer beschichteten Pfanne erhitzen und die Garnelen darin 2 Minuten unter Wenden braten. Auf Küchenpapier abtropfen lassen.

4. Die Garnelen, die Granatapfelkerne, die Mango- und die Zucchinischeiben vorsichtig mischen, auf dem Salat anrichten und mit dem Dressing beträufeln.

Zubereitungszeit: *20 Minuten*
Kochzeit: *25 Minuten*
Kühlzeit: *30 Minuten*
Personen: *4*
Schwierigkeitsgrad: *mittel*

Lachstatar MIT QUINOA

Zutaten
1 unbehandelte Zitrone
4 EL Olivenöl
100 g Quinoa
Salz
1 rosa Grapefruit
6 Zweige Dill
Pfeffer
150 g geräucherter Lachs

AUSSERDEM
Dill zum Garnieren
Zestenreißer

1. Die Zitrone waschen und mit einem Zestenreißer die Schale herunterlösen. 2 EL Olivenöl in einem Topf erhitzen. Die Zitronenschale und die Quinoa darin kurz erhitzen. Mit 300 ml Wasser ablöschen, salzen und bei geschlossenem Deckel 20 Minuten bei geringer Hitze quellen lassen.

2. In der Zwischenzeit die Grapefruit mit einem Messer bis auf das Fruchtfleisch schälen und die Filets zwischen den Trennhäutchen herausschneiden. Das Fruchtfleisch in kleine Stücke schneiden.

3. Den Dill waschen und trocken schütteln, die Blätter von den Zweigen zupfen und klein schneiden. Die Zitrone in kleine Würfel schneiden. Mit dem restlichen Olivenöl, den Grapefruitstücken und der Hälfte des Dills vermischen.

4. Die fertige Quinoa mit Salz und Pfeffer würzen und mit der vorbereiteten Grapefruit-Zitronenmischung vermischen. Alles im Kühlschrank abkühlen lassen. Zum Servieren in Gläser verteilen. Den Lachs in kleine Würfel schneiden, mit dem restlichen Dill mischen und auf die Gläser verteilen. Mit Dillsträußchen garnieren.

Entenbrust-
CHICORÉE-SALAT

Zubereitungszeit: *20 Minuten*
Backzeit: *8 Minuten*
Personen: *4*
Schwierigkeitsgrad: *einfach*

Zutaten
8 Chicorée
½ Bund Schnittlauch
2 EL weißer Balsamico
3 EL Walnussöl
2 EL Olivenöl
200 g geräucherte Entenbrust
8 eingelegte Aprikosen

AUSSERDEM
Küchenpapier

1. Den Backofen auf 120 °C vorheizen. Den Chicorée waschen, den Strunk entfernen und die Blätter voneinander lösen. Den Salat in mundgerechte Stücke schneiden. Den Schnittlauch waschen, mit Küchenpapier trocken tupfen und die Halme klein schneiden. Aus dem Essig und den Ölen eine Vinaigrette anrühren.

2. Die Entenbrust im vorgewärmten Backofen für 8 Minuten erhitzen.

3. In der Zwischenzeit den Salat auf Tellern anrichten. Die Entenbrust herausnehmen und in dünne Streifen schneiden. Auf den Salatblättern anrichten. Mit den Aprikosen und dem Schnittlauch garnieren.

Zubereitungszeit: *25 Minuten*
Kochzeit: *5 Minuten*
Wartezeit: *12 Stunden*
Personen: *4*
Schwierigkeitsgrad: *einfach*

Rotkohlsalat MIT ORANGEN

Zutaten
500 g Rotkohl
1 EL Zucker
6 EL Weißweinessig
4 EL Olivenöl
4 EL Walnussöl
Salz
Pfeffer
30 g Cashewkerne
2 Orangen

AUSSERDEM
Frischhaltefolie

1. Am Vortag den Rotkohl putzen, waschen und in dünne Streifen schneiden. Mit dem Zucker, dem Weißweinessig, dem Olivenöl und dem Walnussöl vermischen und dabei kräftig durchkneten. Über Nacht zugedeckt im Kühlschrank ziehen lassen.

2. Am nächsten Tag erneut kräftig mischen und mit Salz und Pfeffer würzen.

3. Die Cashewkerne in einer Pfanne ohne Fett unter Wenden goldbraun rösten. Die Orangen mit einem Messer bis auf das Fruchtfleisch schälen und die Orangenfilets zwischen den Trennhäutchen herausschneiden. Zusammen mit den Cashewkernen unter den Rotkohlsalat mischen.

Seeteufel AUF FELDSALAT MIT MANGO UND GRANATAPFELKERNEN

Zubereitungszeit: *30 Minuten*
Kochzeit: *12 Minuten*
Personen: *4*
Schwierigkeitsgrad: *einfach*

Zutaten

200 g Feldsalat
60 g geschälte Mandeln
1 Mango
1 kleiner Granatapfel
400 g Seeteufelfilet ohne Knochen
Salz
Pfeffer
Mehl zum Bestäuben
9 EL Olivenöl
4 TL Zitronensaft
4 EL Honig

AUSSERDEM

Salatschleuder
Küchenpapier

1. Den Feldsalat waschen, putzen und trocken schleudern. Die Mandeln in einer Pfanne ohne Öl rösten und grob hacken. Die Mango schälen und das Fruchtfleisch in dünne Streifen schneiden. Den Granatapfel mehrfach auf ein Holzbrett klopfen, halbieren und die Kerne herauslösen. Der Granatapfelsaft dabei auffangen.

2. Den Fisch waschen, mit Küchenpapier trocken tupfen und mit Salz und Pfeffer würzen. Mit Mehl bestäuben und in einer beschichteten Pfanne in 3 EL heißem Olivenöl von allen Seiten insgesamt 5–8 Minuten braten.

3. Den Feldsalat auf Tellern anrichten, die Mangostreifen, die Mandeln und die Granatapfelkerne darüber verteilen. Den Fisch in Tranchen aufschneiden und auf den Salat betten. Aus dem restlichen Olivenöl, dem Zitronensaft, dem Honig und dem Granatapfelsaft ein Dressing bereiten. Über den Salat träufeln und das Ganze sofort servieren.

Garnelen-FRUCHTSALAT MIT CASHEWKERNEN

Zubereitungszeit: *35 Minuten*
Kochzeit: *2 Minuten*
Personen: *4*
Schwierigkeitsgrad: *mittel*

Zutaten

1 Ananas
40 g Cashewkerne
3 Stangen Staudensellerie
3 EL Zitronensaft
4 EL Joghurt
2 Prisen Zucker
Salz
Pfeffer
8 große, rohe Garnelen mit Schale, ohne Kopf
2 EL Butter

AUSSERDEM

Küchenpapier
Basilikum zum Garnieren

1. Die Ananas schälen, vierteln und den harten Strunk herausschneiden. Das Fruchtfleisch in mundgerechte Stücke teilen. Die Cashewkerne in einer trockenen Pfanne goldbraun rösten. Den Sellerie waschen, trocken tupfen, die Fäden abziehen und die Stangen in mundgerechte Stücke zerteilen.

2. Aus dem Zitronensaft, dem Joghurt und dem Zucker ein Dressing bereiten. Mit Salz und Pfeffer abschmecken.

3. Die Garnelen schälen, die Schwanzflosse dabei stehen lassen. Mit Salz und Pfeffer würzen, die Butter in einer beschichteten Pfanne erhitzen und die Garnelen darin 2 Minuten unter Wenden braten. Auf Küchenpapier abtropfen lassen.

4. Alle Zutaten mischen und auf Tellern anrichten. Mit Salz und Pfeffer abschmecken und mit Basilikum garnieren. Dazu französisches Baguette reichen.

Zubereitungszeit: *35 Minuten*
Wartezeit: *12 Stunden*
Personen: *4*
Schwierigkeitsgrad: *mittel*

Maronen-ROTKOHL-SALAT

Zutaten
¼ Rotkohl
6 EL Apfelessig
2 EL Zucker
6 EL Sonnenblumenöl
3 EL Walnussöl
Salz
Pfeffer
2 Äpfel
2 EL Zitronensaft
100 g blanchierte Maronen

AUSSERDEM
Schneidemaschine
Frischhaltefolie

1. Den Rotkohl waschen und mit einer Schneidemaschine oder mit einem scharfen Messer in dünne Streifen schneiden, dabei den Strunk entfernen. Mit dem Essig, dem Zucker und den Ölen mischen, dabei mit den Händen kräftig verkneten und mit Salz und Pfeffer würzen. Mit Folie bedecken und über Nacht im Kühlschrank marinieren lassen. Am nächsten Tag nochmals abschmecken und nachwürzen.

2. Die Äpfel waschen, schälen, in dünne Spalten schneiden und dabei entkernen. Mit dem Zitronensaft mischen. Die Maronen in einer Pfanne ohne Fett erwärmen. Den Rotkohlsalat auf vier Teller verteilen und die erwärmten Maronen darübergeben.

Feldsalat
MIT AVOCADO UND ORANGENFILETS

Zubereitungszeit: *25 Minuten*
Personen: *4*
Schwierigkeitsgrad: *einfach*

Zutaten
150 g Feldsalat
1 Bund Radieschen
¼ Salatgurke
1 Fenchelknolle
2 Orangen
2 Avocados
4 EL flüssiger Honig
4 EL Zitronensaft
8 EL Olivenöl
Salz
frisch gemahlener Pfeffer
40 g Walnusskerne

AUSSERDEM
Salatschleuder
Dill zum Garnieren

1. Den Feldsalat putzen, waschen und trocken schleudern. Die Radieschen putzen, waschen und in Scheiben schneiden. Die Gurke waschen, längs halbieren und schräg in Scheiben schneiden.

2. Den Fenchel putzen, waschen, halbieren und in dünne Streifen schneiden. Die Orangen mit einem Messer bis auf das Fruchtfleisch schälen und die Orangenfilets zwischen den Trennhäutchen herausschneiden.

3. Kurz vor dem Servieren die Avocados halbieren, entkernen, das Fruchtfleisch aus der Schale heben und in Scheiben schneiden. Alle vorbereiteten Zutaten auf Tellern anrichten. Den Honig, den Zitronensaft und das Olivenöl darüberträufeln. Den Salat mit Salz und Pfeffer abschmecken. Die Walnusskerne auf dem Salat verteilen und mit frischem Dill garnieren.

Linsen-
AVOCADO-SALAT

Zubereitungszeit: *30 Minuten*
Kochzeit: *35 Minuten*
Personen: *4*
Schwierigkeitsgrad: *mittel*

Zutaten
300 g gelbe Linsen
1 l Gemüsebrühe (instant)
¼ Ananas
2 EL Butter
30 g Puderzucker
1 Mango
3 Tomaten
1 Stange Staudensellerie
1 Avocado
Saft von 2 Limetten
3 EL Olivenöl
3 EL Walnussöl
Salz
Pfeffer
100 g Rucola
1 grüner Apfel

AUSSERDEM
Sieb
Küchenpapier
Salatschleuder

1. Die Linsen in der Brühe 35 Minuten gar kochen, abgießen und abkühlen lassen. Die Ananas schälen, den harten Strunk entfernen und das Fruchtfleisch in kleine Stücke schneiden. Eine Pfanne erhitzen. Darin die Butter schmelzen lassen und die Ananaswürfel darin anbraten. Mit dem Puderzucker bestäuben und die Früchte karamellisieren lassen. Herausnehmen und abkühlen lassen.

2. Die Mango mit einem Messer schälen, vom Kern schneiden und würfeln. Die Tomaten waschen, vierteln, die Kerngehäuse entfernen und das Fruchtfleisch klein schneiden. Den Sellerie waschen und trocken tupfen, die Fäden abziehen und die Stangen in mundgerechte Stücke zerteilen. Die Avocado schälen, den Kern entfernen und das Fruchtfleisch würfeln.

3. Alle vorbereiteten Zutaten mit dem Limettensaft und den Ölen mischen. Mit Salz und Pfeffer würzen.

4. Den Rucola waschen, verlesen und trocken schleudern. Den Apfel schälen, vierteln, entkernen und in dünne Spalten schneiden. Mit dem Rucola auf Tellern ein Bett anrichten, die Salatzutaten darauf verteilen und mit den Apfelspalten garnieren.

MAROKKANISCHER *Möhrensalat* MIT PINIENKERNEN

Zubereitungszeit: *15 Minuten*
Kochzeit: *10 Minuten*
Personen: *4*
Schwierigkeitsgrad: *einfach*

Zutaten

1 ½ TL Kreuzkümmelsamen
½ TL Koriandersamen
1 Knoblauchzehe
1 TL Rotweinessig
2 EL Olivenöl
2 TL Harissa (Chili-Würzpaste)
600 g zarte Bundmöhren
100 g Pinienkerne
2 Zweige Minze
(oder ersatzweise Petersilie)
Salz
Pfeffer

AUSSERDEM

Mörser

1. Die Kreuzkümmel- und Koriandersamen in einer trockenen beschichteten Pfanne 30 Sekunden rösten, abkühlen lassen und im Mörser mahlen. Den Knoblauch schälen. Die gemörserten Samen mit dem Essig, dem Öl, dem Knoblauch und der Harissa verrühren.

2. Die Möhren waschen, schälen und in etwas kochendem Salzwasser 5 Minuten dünsten. Abtropfen lassen, noch warm in das Dressing geben und vorsichtig untermischen.

3. In der Zwischenzeit die Pinienkerne in der trockenen Pfanne rösten, bis sie leicht gebräunt sind. Unter die Möhren heben. Die Minze waschen, trocken schütteln und die Blättchen abzupfen. Die Minzeblätter klein schneiden und zum Salat geben. Den Salat mit Salz und Pfeffer abschmecken und auf Tellern anrichten.

Feldsalat MIT KRABBEN- ODER HUMMERFLEISCH UND GRAPEFRUIT

Zubereitungszeit: *20 Minuten*
Personen: *4*
Schwierigkeitsgrad: *einfach*

Zutaten
1 rosa Grapefruit
200 g Feldsalat
4 EL weißer Balsamico
6 EL Olivenöl
40 g Paranüsse
200 g vorgekochtes Krabben- oder Hummerfleisch
Salz
Pfeffer aus der Mühle

AUSSERDEM
Salatschleuder

1. Die Grapefruit mit einem Messer bis auf das Fruchtfleisch schälen und die Filets zwischen den Trennhäutchen herausschneiden.

2. Den Feldsalat waschen, die Wurzelspitzen entfernen und den Salat trocken schleudern. Den Feldsalat in einer Schüssel mit dem Essig und dem Olivenöl mischen. Die Paranüsse grob hacken und über dem Salat verteilen. Die Grapefruitfilets in den Salat geben. Das Krabben- oder Hummerfleisch hinzufügen und den Salat mit Salz und Pfeffer würzen.

Garnelen-ARTISCHOCKEN-BOHNENSALAT

Zubereitungszeit: *30 Minuten*
Kochzeit: *25 Minuten*
Personen: *4*
Schwierigkeitsgrad: *aufwendig*

Zutaten
2 Zitronen
8 Artischocken
1 EL Mehl
Salz
500 g grüne Bohnen
12 Scampi (Kaisergranat)
3 EL Knoblauchöl
1 kleiner schwarzer Trüffel

AUSSERDEM
Eiswürfel
Sieb

1. Aus dem Saft einer Zitrone und 2 l Wasser ein Zitronenwasser bereiten. Die äußeren harten Blätter der Artischocken entfernen, bis die hellen, grünen, zarten Blätter freiliegen. Die in der Mitte befindlichen Blätter herauszupfen, um den Boden freizulegen. Das sogenannte „Heu" entfernen und die Artischocken in eine Schüssel mit dem Zitronenwasser geben, damit sie sich nicht dunkel verfärben.

2. Das Mehl in eine kleine Schüssel geben und mit etwas kaltem Wasser verrühren; eine Zitrone auspressen. Das Mehlwasser und den Zitronensaft in einen Topf mit Salzwasser geben und zum Kochen bringen. Die Artischocken darin 15 Minuten garen.

3. Die Bohnen putzen, waschen und in kochendem Salzwasser 8–10 Minuten garen. In Eiswasser abschrecken und auf einem Sieb abtropfen lassen. Die Scampi schälen. Durch einen Schnitt im Rücken der Scampi den Darm entfernen. Das Öl in einer Pfanne erhitzen, die Scampi darin 2 Minuten unter Rühren anbraten und salzen.

4. Die Bohnen, die Artischockenböden und die Scampi auf Tellern anrichten. Das Bratfett über die Artischocken geben und den Trüffel über den Salat hobeln. Sofort anrichten.

Zubereitungszeit: *35 Minuten*
Bratzeit: *1 Stunde*
Personen: *4*
Schwierigkeitsgrad: *mittel*

Enten-PAPAYA-SALAT

Zutaten
2 kleine Entenbrüste (à 250 g)
Salz
Pfeffer
1 rote Chili
2 unreife grüne Papaya (Asia-Laden)
1 rote Zwiebel
2 EL Reisessig
1 EL brauner Zucker
4 EL Erdnussöl

AUSSERDEM
Küchenpapier
Backofengitter
Küchenreibe
Alufolie
Blätter vom roten Eichlaubsalat zum Garnieren

1. Den Backofen auf 100 °C vorheizen. Die Entenbrüste mit kaltem Wasser abwaschen und mit Küchenpapier trocken tupfen. Die Haut der Entenbrüste mit einem scharfen Messer kreuzweise einritzen. Die Entenbrüste mit Salz und Pfeffer einreiben.

2. Eine Pfanne ohne Fett erhitzen und die Entenbrüste mit der Hautseite nach unten in die Pfanne legen. Bei großer Hitze anbraten, bis die Haut gebräunt ist. Kurz umdrehen und anschließend auf einem Ofengitter im vorgeheizten Backofen 40 Minuten braten.

3. Die Chilischote entkernen und hacken. Die Papaya schälen, halbieren, entkernen und auf einer Küchenreibe klein reiben. Die Zwiebel schälen und fein würfeln. Die Papaya und die Zwiebel mit dem Essig, dem Zucker und dem Erdnussöl mischen, gut durchkneten und mit Salz abschmecken.

4. Die Entenbrüste aus dem Backofen nehmen und 5 Minuten in Alufolie gewickelt ruhen lassen. Die Entenbrüste in dünne Tranchen schneiden und mit dem Salat auf Tellern anrichten. Mit den Salatblättern garnieren.

Hauptgerichte

Rinderfilet MIT BLAUEN KARTOFFELN UND BROMBEERSAUCE

Zubereitungszeit: *20 Minuten*
Bratzeit: *50 Minuten*
Personen: *4*
Schwierigkeitsgrad: *mittel*

Zutaten

4 Medaillons vom Rinderfilet (à 160 g)
Butter zum Braten
grobes Salz
Pfeffer aus der Mühle
500 g blaue Kartoffeln

BEERENSAUCE

100 ml Kalbsfond
100 g Sahne
6 EL Beerenkompott
2 EL Cognac
Salz
Pfeffer

AUSSERDEM

Haarsieb
Brunnenkresse und frittierte Apfelscheiben zum Garnieren (optional)

1. Den Backofen auf 90 °C vorheizen. Die Steaks von allen Seiten sehr kurz in heißer Butter anbraten, dann mit Salz und Pfeffer würzen. Im vorgeheizten Backofen 50 Minuten braten.

2. In der Zwischenzeit die Kartoffeln für 25 Minuten in kochendem Salzwasser kochen. Die Kartoffeln pellen und in dünne Scheiben schneiden.

3. Für die Beerensauce den Kalbsfond und die Sahne in einem kleinen Topf 10 Minuten köcheln lassen. Das Beerenkompott hinzufügen und mit dem Cognac ablöschen. Das Fleisch aus dem Backofen nehmen und den Bratenfond durch ein Haarsieb in die Sauce geben. Die Sauce mit Salz und Pfeffer abschmecken.

4. Das Fleisch mit den Kartoffeln und der Beerensauce auf Tellern anrichten. Falls gewünscht mit Brunnenkresse und frittierten Apfelscheiben garnieren

Zubereitungszeit: *30 Minuten*
Ruhezeit: *60 Minuten*
Backzeit: *25 Minuten*
Personen: *6*
Schwierigkeitsgrad: *aufwendig*

GEFÜLLTE *Kalbsroulade*

Zutaten
100 g Rosinen
2 Äpfel
150 g Lebkuchen
3 Stiele Thymian
6 kleine Kalbsschnitzel
2 EL Olivenöl
grobes Meersalz
Pfeffer
400 ml trockener Weißwein
10 Knoblauchzehen
6 Lorbeerblätter

AUSSERDEM
Sieb
Küchenbindfaden
Fettpfanne

1. Die Rosinen in warmem Wasser 1 Stunde einweichen. Die Äpfel schälen, die Kerngehäuse entfernen und die Äpfel in feine Würfel schneiden. Den Lebkuchen klein schneiden. Den Thymian waschen, trocken schütteln und die Blätter von den Stielen zupfen. Die Rosinen auf einem Sieb abtropfen lassen und mit den Äpfeln, dem Lebkuchen und dem Thymian eine Füllung bereiten.

2. Den Backofen auf 180 °C vorheizen. Die Kalbsschnitzel so dünn wie möglich klopfen oder vom Metzger klopfen lassen. Die Kalbsschnitzel auf der Arbeitsfläche ausbreiten und die Füllung darauf verteilen. Das Fleisch zu Rouladen zusammenrollen und mit einem Faden zusammenbinden.

3. Das Olivenöl in einer großen Pfanne erhitzen, die Kalbsrouladen darin anbraten, bis sie von allen Seiten leicht gebräunt sind. Die Rouladen salzen, pfeffern und in eine Fettpfanne geben. 200 ml Weißwein in die Form gießen und die Knoblauchzehen sowie die Lorbeerblätter hinzufügen. Die Rouladen im vorgeheizten Backofen 20 Minuten braten. Währenddessen das Fleisch immer wieder mit der Bratflüssigkeit begießen.

4. Die Kalbsrouladen aus dem Backofen nehmen, die Küchenbindfäden entfernen und das Fleisch in Scheiben schneiden. Den Bratensatz mit dem restlichen Weißwein loskochen und durch ein Haarsieb geben. Die Sauce über das Fleisch verteilen. Dazu schmecken Kartoffelknödel.

Zubereitungszeit: *20 Minuten*
Backzeit: *1 Stunde*
Personen: *4*
Schwierigkeitsgrad: *einfach*

Kürbisgratin

Zutaten
800 g Hokkaidokürbis
3 Kartoffeln
Salz
Pfeffer
Muskatnuss
1 Knoblauchzehe
400 g Sahne
100 g Edamer Käse

AUSSERDEM
Auflaufform
Haushaltsreibe

1. Den Backofen auf 160 °C vorheizen. Den Kürbis und die Kartoffeln schälen, in dünne Scheiben schneiden und vermischen, dabei mit Salz, Pfeffer und Muskat würzen. Hokkaidokürbis kann jedoch auf Wunsch auch ungeschält verwendet werden.

2. Den Knoblauch schälen und klein würfeln. Den Knoblauch in einer Auflaufform verteilen und die Kürbis- und Kartoffelscheiben darüberschichten.

3. Die Sahne über den Auflauf gießen und im vorgeheizten Backofen für 50 Minuten backen. Den Käse reiben und darüberstreuen. Weitere 10 Minuten backen.

Gebratene Ente
MIT APRIKOSEN, ZWIEBELN UND ROSMARIN

Zubereitungszeit: *25 Minuten*
Bratzeit: *2 Stunden*
Personen: *4*
Schwierigkeitsgrad: *aufwendig*

Zutaten
1 Ente (küchenfertig, ca. 1,6 kg)
Salz
Pfeffer
10 Aprikosen
12 kleine weiße Zwiebeln
4 Zweige Rosmarin
2 EL Olivenöl
3 EL flüssiger Honig
grobes Meersalz
300 ml Geflügelbrühe

AUSSERDEM
Küchenpapier
Küchengarn oder Holzspieße
Backpinsel
Fettpfanne

1. Den Backofen auf 160 °C vorheizen. Die Ente mit kaltem Wasser waschen und mit Küchenpapier trocken tupfen. Innen und außen salzen und pfeffern.

2. Die Aprikosen waschen und den Kern entfernen. Die Zwiebeln schälen. Den Rosmarin waschen, trocken schütteln und die Hälfte der Zweige mit der Hälfte der Aprikosen und den Zwiebeln in einer Schüssel mischen.

3. Die Ente damit füllen und die Öffnung mit Küchengarn oder Holzspießen verschließen. Aus dem Olivenöl und dem Honig eine Paste bereiten. Die Ente damit einpinseln und mit dem grobem Salz bestreuen. Auf eine Fettpfanne legen, die Brühe angießen und die Ente für 1,5 Stunden im vorgeheizten Backofen braten. Dabei hin und wieder mit der Brühe begießen.

4. Die Ente aus dem Backofen nehmen und den Bratensaft und das Fett der Ente abgießen. Die restlichen Aprikosen und die restlichen Zwiebeln um die Ente herum verteilen. Den Backofen auf 210 °C hochregeln und die Ente mit den Früchten und dem Gemüse 30 Minuten zu Ende garen.

Doradenfilet MIT SCHWARZWURZELN UND PETERSILIEN-MOUSSE

Zubereitungszeit: *25 Minuten*
Kochzeit: *35 Minuten*
Personen: *4*
Schwierigkeitsgrad: *aufwendig*

Zutaten

Saft von 2 Zitronen
50 g Mehl
700 g Schwarzwurzeln
400 g Petersilienwurzeln
300 g Kartoffeln
Salz
4 Doradenfilets à 130 g
frisch gemahlener Pfeffer
Mehl zum Bestäuben
350 g Sahne
2 Prisen Muskatpulver
4 EL Olivenöl
1 TL gehackte Petersilie

AUSSERDEM

Sieb
Küchenpapier
Kartoffelpresse
abgeriebene Schale von 1 unbehandelten Zitrone

1. Den Zitronensaft, das Mehl und 2 l Wasser in einer großen Schale vermischen. Die Schwarzwurzeln waschen, schälen, in 5 cm Abschnitte zerteilen und bis zum Kochen in die Zitronen-Mehlwasser-Mischung legen. Die Petersilienwurzeln und die Kartoffeln waschen, schälen, klein schneiden und in kochendem Salzwasser 20 Minuten garen. Die Schwarzwurzeln in kochendem Salzwasser 9–10 Minuten bissfest garen. Abgießen und abtropfen lassen.

2. In der Zwischenzeit die Doraden waschen, mit Küchenpapier trocken tupfen, salzen und pfeffern. Mit Mehl bestäuben. Die Sahne erhitzen. Die Petersilienwurzeln und die Kartoffeln zu Püree zerstampfen, mit 100 g Sahne verrühren, mit Salz und Muskat abschmecken.

3. Das Olivenöl in einer beschichteten Pfanne erhitzen und den Fisch darin von beiden Seiten je 3 Minuten leicht gebräunt braten. In dieser Zeit die Schwarzwurzeln in der restlichen Sahne erhitzen. Mit Salz und Pfeffer abschmecken.

4. Die Schwarzwurzeln auf Tellern anrichten und den Fisch darauf betten. Mit gehackter Petersilie und abgeriebener Zitronenschale bestreuen. Die Petersilienmousse dazu reichen.

Lammkarree
MIT GEMÜSE-FLAN

Zubereitungszeit: *35 Minuten*
Kochzeit: *1 Stunde*
Personen: *4*
Schwierigkeitsgrad: *aufwendig*

Zutaten

GEMÜSEFLAN

2 kleine Zucchini
3 Kartoffeln
2 EL Olivenöl
Salz
Pfeffer
150 g Kirschtomaten
½ Bund Salbei
300 g Sahne
2 Eier
2 Eigelb
Butter für die Form

FLEISCH

4 Lammkarree (Rippenstück, je ca. 300 g)
2 geschälte Knoblauchzehen
Salz
Pfeffer
200 ml trockener Rotwein
6 EL Senf
Mohn
Sesam
Kreuzkümmel

AUSSERDEM

4 kleine Timbaleförmchen (5 cm)
Alufolie
Sieb
Küchenpapier
Bräter
Backpinsel

1. Für den Flan die Zucchini waschen, längs halbieren und in Scheiben schneiden. Die Kartoffeln waschen, schälen und in Scheiben schneiden. Das Olivenöl erhitzen und das Gemüse darin bei schwacher Hitze unter gelegentlichem Rühren für 10 Minuten anbraten. Salzen und pfeffern. Die Tomaten waschen und hinzufügen. Den Backofen auf 180 °C vorheizen. Den Salbei waschen, trocken schütteln und, bis auf 6 Blätter zum Garnieren, sehr fein schneiden.

2. In einer Schüssel die Sahne, die Eier und die Eigelbe verquirlen, mit Salz und Pfeffer würzen. Das Gemüse und den Salbei dazugeben und gut mischen. 4 kleine Timbaleförmchen buttern. Das Gemüse mit der Ei-Masse einfüllen, mit Folie abdecken. Im Backofen in einem heißen Wasserbad für 45 Minuten stocken lassen.

3. Die Lammkarrees waschen und mit Küchenpapier trocken tupfen. Die Sehnen auf der Fleischseite der Karrees mit einem scharfen Messer entfernen. Die vom Kotelett abstehenden Knochen mit einem Messer von Fleisch und Sehnen sauber kratzen. Das Fleisch mit den Knoblauchzehen einreiben und mit Salz und Pfeffer würzen.

4. Die Karrees in einem kleinen Bräter gleichzeitig mit den Gemüse-Flans im vorgeheizten Backofen für 10 Minuten braten. Dabei den Braten mit Rotwein mehrfach ablöschen. Herausnehmen und den Senf mit einem Pinsel auf die Karrees verteilen. Eine Mischung aus Mohn, Sesam und Kreuzkümmel bereiten und auf dem Senf andrücken. Wieder in den Backofen geben und weitere 5 Minuten braten lassen.

5. Die Karrees herausnehmen und den Bratensatz mit 200 ml Wasser loskochen und durch ein Sieb in einen kleinen Topf geben. Die Sauce aufkochen lassen und mit Salz und Pfeffer abschmecken. Die Karrees mit den Flans und der Sauce auf Tellern anrichten. Mit den Salbeiblättern garnieren.

Seeteufelmedaillons MIT CURRYSAUCE UND SAFRAN-WALNÜSSEN

Zubereitungszeit: *30 Minuten*
Garzeit: *25 Minuten*
Personen: *4*
Schwierigkeitsgrad: *mittel*

Zutaten
1 Zwiebel
2 Knoblauchzehen
1 Thai-Chili
3 EL Olivenöl
2 Dosen Safranfäden (à 0,1 g)
1 TL Kreuzkümmelpulver
1 TL Korianderpulver
300 ml Kokosmilch
100 ml trockener Weißwein
2 EL Fischsauce (Asia-Supermarkt)
1 kg Seeteufel am Stück
Salz
frisch gemahlener Pfeffer
5 EL Butter
60 g gehackte Walnüsse

AUSSERDEM
Küchenpapier
Auflaufform

1. Die Zwiebel und den Knoblauch schälen und fein würfeln. Die Chili waschen, entkernen und hacken. Das Olivenöl in einem Topf erhitzen, die Zwiebeln und den Knoblauch darin glasig anschwitzen. Eine Dose Safran, den Kreuzkümmel und den Koriander einrühren und unter Rühren 2–3 Minuten anrösten. Den Backofen auf 200 °C vorheizen.

2. Alles mit der Kokosmilch und dem Weißwein ablöschen und mit Fischsauce würzen. Zum Kochen bringen und 10 Minuten bei niedriger Temperatur köcheln lassen.

3. In der Zwischenzeit den Seeteufel waschen und mit Küchenpapier trocken tupfen. Das Fischfilet vom Knochen schneiden und in eine Auflaufform legen. Mit Salz und Pfeffer würzen. 2 EL Butter auflösen und den Fisch damit bepinseln. Im vorgeheizten Backofen 10–15 Minuten garen.

4. Wahrenddessen die restliche Butter in einer Pfanne erhitzen, die zweite Dose Safran und die Walnüsse hinzufügen. 2–3 Minuten unter Rühren braten. Den Fisch aus dem Backofen nehmen und in Medaillons aufschneiden. Auf Tellern anrichten, mit der Currysauce beträufeln und mit den Walnüssen bestreuen.

Lachs IN DER GEWÜRZKRUSTE MIT MANGOSAUCE

Zubereitungszeit: *20 Minuten*
Kochzeit: *5 Minuten*
Personen: *4*
Schwierigkeitsgrad: *mittel*

Zutaten

MANGOSAUCE

1 kleine Mango
3 EL Dijon-Senf
200 g Crème fraîche
Salz
Cayennepfeffer

FISCH

3 EL heller Sesam
3 EL dunkler Sesam
800 g Lachsfilet
Salz
Pfeffer
4 TL flüssiger Honig
2 EL Butter

AUSSERDEM

Schneidstab
Petersilie und Schnittlauch zum Garnieren
Mangospalten zum Garnieren

1. Die Mango waschen, schälen und das Fruchtfleisch vom Stein schneiden. Das Mangofruchtfleisch mit einem Schneidstab pürieren und mit dem Senf und der Crème fraîche zu einer Sauce verrühren. Mit Salz und Cayennepfeffer abschmecken.

2. Den hellen und den dunklen Sesam in einer trockenen Pfanne rösten. Den Lachs mit Salz und Pfeffer würzen, mit Honig einreiben, im Sesam wälzen.

3. Die Butter in einer Pfanne erhitzen und den Lachs darin von beiden Seiten 2 Minuten anbraten. Anschließend den Lachs aus der Pfanne nehmen und in dünne Scheiben schneiden. Die Lachsscheiben mit der Mangosauce, den Mangospalten und dem Kräuterbouquet garniert auf Tellern servieren.

Heilbutt MIT STEINPILZEN UND KARTOFFELN

Zubereitungszeit: *20 Minuten*
Kochzeit: *30 Minuten*
Personen: *4*
Schwierigkeitsgrad: *mittel*

Zutaten
600 g kleine Kartoffeln
1 Bund Dill
4 Stiele Petersilie
1 Bund Schnittlauch
2 Schalotten
100 g luftgetrockneter Schinken (Parmaschinken)
2 TL bunter Pfeffer
80 g geriebener Emmentaler
4 Heilbuttstücke ohne Haut (à 140 g)
Butter für die Form
grobes Meersalz
100 g Steinpilze oder Shitake
3 EL Butter
Pfeffer

AUSSERDEM
Küchenpapier
Küchenreibe
Sieb
Backpinsel
Auflaufform
Dill und Schnittlauch zum Garnieren

1. Die Kartoffeln waschen und in kochendem Salzwasser 15 Minuten kochen lassen. Den Backofen auf 180 °C vorheizen.

2. Den Dill, die Petersilie und den Schnittlauch waschen und mit Küchenpapier abtrocknen. Die Dill- und Petersilienblätter von den Stielen zupfen und fein hacken. Von der Petersilie die Hälfte beiseite legen. Den Schnittlauch in dünne Röllchen schneiden. Die Schalotten schälen und fein würfeln. Den Schinken klein würfeln. Aus den Kräutern, dem Schinken, dem Pfeffer und dem Käse eine Mischung bereiten.

3. Die Fischstücke waschen und trocken tupfen. Eine Auflaufform mit Butter auspinseln, die Fischstücke nebeneinander hineinlegen und salzen. Die Kräutermasse auf die Filets geben, leicht andrücken und die Fische im vorgeheizten Backofen 12 Minuten garen.

4. Die Kartoffeln abgießen und mit zum Fisch in die Auflaufform geben. Mit grobem Salz bestreuen.

5. In der Zwischenzeit die Pilze putzen und vierteln. Die Butter in einer beschichteten Pfanne erhitzen und die Pilze darin unter Wenden 5–7 Minuten braten. Dabei mit Salz und Pfeffer würzen und mit der restlichen Petersilie bestreuen.

6. Den Fisch und die Kartoffeln aus dem Backofen nehmen und mit den gebratenen Pilzen auf Tellern anrichten. Mit je einer Scheibe Schinken und einem Dill- und Schnittlauchbouquet garnieren.

Pappardelle– Nudeln mit Safran und Trüffel

Zubereitungszeit: *15 Minuten*
Kochzeit: *10 Minuten*
Personen: *4*
Schwierigkeitsgrad: *mittel*

Zutaten
400 g Pappardelle (Bandnudeln)
Salz
2 Schalotten
1 kleiner Trüffel
20 g Butter
2 Döschen Safran (0,1 g)
3 EL Rapsöl
bunter Pfeffer
6–8 Tropfen Trüffelöl

AUSSERDEM
Sieb
Rucola zum Garnieren

1. Die Pasta nach Packungsanleitung in Salzwasser kochen, abgießen und abtropfen lassen.

2. Die Schalotten schälen und in Ringe schneiden. Den Trüffel hacken oder mit einem Trüffelhobel in hauchdünne Scheiben schneiden. Die Butter in einer großen Pfanne erhitzen. Die Schalottenringe hinzufügen und darin glasig dünsten. Den Safran, das Öl und die Nudeln in der Pfanne 2–3 Minuten anbraten und dabei schwenken. Mit Salz und Pfeffer würzen, vom Herd ziehen und das Trüffelöl über die Nudeln träufeln.

3. Die Nudeln auf vier Teller verteilen, mit Trüffelscheiben und Rucola garnieren.

Zubereitungszeit: *25 Minuten*
Kochzeit: *40 Minuten*
Personen: *4*
Schwierigkeitsgrad: *mittel*

Reis- UND PILZPFANNE

Zutaten
2 Schalotten
4 EL Olivenöl
300 g Basmati-Reis
ca. 800 ml Gemüsebrühe
100 g asiatische Pilze (Glas)
2 EL schwarze Oliven (Glas)
1 Bund glatte Petersilie
200 g Pfifferlinge (frisch oder aus dem Glas)
2 EL Rapsöl
Salz
frisch gemahlener Pfeffer
50 g gemahlene Mandeln

AUSSERDEM
Sieb

1. Die Schalotten schälen und in Würfel schneiden. Das Olivenöl in einem Topf erhitzen und die Schalotten und den Reis darin anbraten, bis die Schalotten glasig sind. Die Brühe gut einen Fingerbreit über den Reis angießen, aufkochen lassen und mit geschlossenem Deckel 25–30 Minuten ausquellen lassen.

2. Die Asiapilze und die Oliven auf einem Sieb abtropfen lassen. Die Petersilie waschen, trocken schütteln und hacken.

3. In der Zwischenzeit die Pfifferlinge putzen. Das Rapsöl in einer großen Pfanne erhitzen und die Pfifferlinge darin 5 Minuten braten. Die abgetropften Asiapilze hinzufügen und 3 Minuten unter Wenden mitbraten. Die Pilze mit Salz und Pfeffer würzen.

4. Den Reis, die Oliven, die Petersilie und die Mandeln mischen. Die Reispfanne auf Tellern anrichten und die Pilze darüber verteilen.

Kaninchen IN BIERSAUCE MIT KARTOFFEL-STEINPILZ-GRATIN

Zubereitungszeit: *40 Minuten*
Kochzeit: *1,5 Stunden*
Ruhezeit: *12 Stunden*
Personen: *4*
Schwierigkeitsgrad: *mittel*

Zutaten

1 Kaninchen, in Stücke zerlegt
Olivenöl zum Einreiben
Salz
Pfeffer aus der Mühle
3 Schalotten
6 Scheiben Bacon
2 EL Olivenöl
1 EL Mehl
300 ml Bier
1 Lorbeerblatt
2 Äpfel
30 g Butter
1 EL Johannisbeer-Gelee

GRATIN

2 EL Sonnenblumenöl
500 g Kartoffeln
2 Knoblauchzehen
100 g Steinpilze
300 g Sahne
Salz
frisch gemahlener Pfeffer
1 TL gerebelter Thymian
40 g Butter
60 g geriebener Greyerzer

AUSSERDEM

Frischhaltefolie
Auflaufförmchen (6 cm)
Backpinsel

1. Am Vortag die Kaninchenstücke mit Olivenöl, Salz und Pfeffer einreiben und in Folie gewickelt im Kühlschrank aufbewahren.

2. Am nächsten Tag die Schalotten schälen und hacken. Den Bacon klein schneiden. Das Olivenöl in einem großen Topf erhitzen und die Kaninchenteile darin unter Wenden anbraten. Das Fleisch herausnehmen und beiseite stellen. Die Schalotten und den Speck im Bratfett anbraten. Mit dem Mehl bestäuben und mit dem Bier ablöschen. Die Kaninchenteile hinzufügen und mit Salz, Pfeffer und dem Lorbeerblatt würzen. Zugedeckt bei geringer Hitze für 40 Minuten schmoren.

3. Für das Gratin den Backofen auf 160 °C vorheizen. Die Auflaufförmchen mit dem Sonnenblumenöl auspinseln. Die Kartoffeln schälen und in dünne Scheiben schneiden. Den Knoblauch schälen, hacken und in der Auflaufform verteilen.

4. Die Steinpilze putzen und in Scheiben schneiden. Die Sahne mit Salz, Pfeffer und Thymian würzen. Die Kartoffeln zusammen mit den Steinpilzen in die Auflaufförmchen schichten. Die Sahnemischung darüber verteilen. Die Butter in Flocken darübergeben. Im vorgeheizten Backofen zunächst für 30 Minuten backen. Das Gratin mit dem Käse bestreuen und 10 Minuten gratinieren.

5. In der Zwischenzeit die Äpfel schälen, entkernen und in kleine Würfel schneiden. Die Apfelstücke in der heißen Butter anbraten und 3 Minuten dünsten. Beiseite stellen.

6. Die Kaninchenstücke am Ende der Garzeit aus dem Topf nehmen und warmstellen. Die Sauce etwas reduzieren, die Apfelstücke hinzufügen und die Sauce mit dem Fruchtgelee abschmecken. Die Kaninchenstücke mit der Biersauce und dem Gratin auf Tellern servieren.

GEFÜLLTER *Babywirsing*

Zubereitungszeit: *15 Minuten*
Kochzeit: *25 Minuten*
Personen: *4*
Schwierigkeitsgrad: *mittel*

Zutaten
130 g Rosinen
einige Spritzer Tabasco
200 g Hähnchenfilet
2 EL Rapsöl
Salz
4 Babywirsing
1 Bund Basilikum
Pfeffer

AUSSERDEM
Küchenpapier
Eiswürfel
16 Holzspieße

1. Die Rosinen in einer Mischung aus 200 ml warmem Wasser und Tabasco einweichen.

2. Das Hähnchenfilet waschen, trocken tupfen und in kleine Würfel schneiden. Das Öl in einer Pfanne erhitzen und die Hähnchenwürfel darin unter Wenden 3 Minuten kräftig anbraten. Mit Salz und Tabasco würzen und beiseite legen.

3. Die Babywirsing halbieren und in der Mitte aushöhlen, dabei ca. 4 Schichten Blätter nach außen stehen lassen und den Strunk nicht herausschneiden, damit die Blätter zusammenhalten. Einen Topf mit Salzwasser zum Kochen bringen und die halbierten, ausgehöhlten Wirsingköpfe 3 Minuten darin kochen lassen, dann sofort in Eiswasser blanchieren und abkühlen lassen.

4. Das Basilikum waschen und trocken schütteln. Mit den Hähnchenwürfeln und den abgetropften Rosinen mischen. Mit Salz und Pfeffer würzen.

5. Den Backofen auf 160 °C vorheizen. Die halbierten Wirsingköpfe mit der Hähnchen-Rosinenmischung füllen und mit Holzspießen zusammenstecken. Im Backofen für 15 Minuten erhitzen.

Kalbshaxe MIT SCHALOTTEN UND KASTANIEN

Zubereitungszeit: *35 Minuten*
Kochzeit: *1 Stunde*
Personen: *4*
Schwierigkeitsgrad: *mittel*

Zutaten
4 Kalbshaxen
Salz
Pfeffer
4 EL Sonnenblumenöl
1 Bund Suppengrün
300 g rote Schalotten
2 Knoblauchzehen
4 EL Tomatenmark
500 ml Rotwein
1 Bund Thymian
2 Lorbeerblätter
200 g gekochte Maronen

AUSSERDEM
Schnittlauch zum Garnieren

1. Die Haxen salzen und pfeffern, in einem großen Topf im heißen Öl von allen Seiten anbraten.

2. Das Suppengrün waschen, putzen und klein schneiden. Die Schalotten und den Knoblauch schälen. Das Suppengrün, die Schalotten und den Knoblauch mit den Haxen in den Fleischtopf geben. 3–4 Minuten unter Rühren weiterbraten. Das Tomatenmark einrühren, anschwitzen lassen und mit dem Rotwein ablöschen. Mit Wasser auffüllen, bis die Haxen knapp bedeckt sind. Mit dem Thymian und dem Lorbeer würzen und zugedeckt bei geringer Hitze 40 Minuten köcheln lassen, dabei nach 30 Minuten die Maronen hinzugeben.

3. Nach 40 Minuten den Topfdeckel entfernen und die Sauce in weiteren 15 Minuten etwas einkochen. Die Haxen mit den Schalotten und den Maronen auf Tellern anrichten. Mit Schnittlauch garnieren.

Zubereitungszeit: *60 Minuten*
Kochzeit: *10 Minuten*
Personen: *4*
Schwierigkeitsgrad: *aufwendig*

Hähnchenbrust MIT TAPENADE UND RUCOLA

Zutaten

TAPENADE

1 kleine Knoblauchzehe
20 g Kapern
1 Thymianzweig
1 Sardellenfilet in Öl
100 g schwarze Oliven ohne Stein
2 EL Olivenöl
Meersalz
frisch gemahlener Pfeffer

MANGOVINAIGRETTE

300 g reife Mango
3 EL Orangensaft
2 EL weißer Balsamico
1 EL Dijonsenf
1 TL gehackter Ingwer
2 EL Sonnenblumenöl

FLEISCH UND SALAT

100 g Rucola
4 kleine Hähnchenbrustfilets
2 EL Olivenöl
Salz
Pfeffer
12 große Knoblauchzehen

AUSSERDEM

Sieb
Küchenpapier
Blitzhacker
Mixer
Salatschleuder

1. Für die Tapenade den Knoblauch schälen und fein hacken. Die Kapern gut abtropfen lassen. Den Thymian waschen und trocken tupfen und die Blätter von den Zweigen streifen. Alle Zutaten im Blitzhacker mit dem Olivenöl zu einer Paste mixen. Meersalz und Pfeffer nach Geschmack hinzufügen.

2. Für die Vinaigrette die Mangos schälen. Das Fruchtfleisch vom Stein schneiden und würfeln. Mit dem Orangensaft, dem Essig und dem Dijonsenf in einem Mixer pürieren. Den Ingwer und das Öl hinzufügen und weiter pürieren, bis eine glatte Vinaigrette entstanden ist.

3. Für das Fleisch und den Salat den Rucola waschen und trocken schleudern. Die Hähnchenbrustfilets waschen und mit Küchenpapier trocken tupfen. Das Olivenöl in einer Pfanne erhitzen, die Hähnchenbrustfilets mit Salz und Pfeffer würzen und von jeder Seite 5–7 Minuten bei mittlerer Temperatur braten.

4. In der Zwischenzeit den Knoblauch schälen und zum Fleisch in die Pfanne geben. Weitere 5 Minuten bei niedriger Temperatur fertig garen.

5. Den Salat als Bett auf Tellern anrichten. Das Fleisch in Tranchen schneiden und zusammen mit dem Knoblauch auf den Rucola betten. Den Salat mit der Mangovinaigrette beträufeln und die Tapenade auf den Hähnchenbrustfilets verteilen.

Desserts

Zubereitungszeit: *25 Minuten*
Backzeit: *30 Minuten*
Stück: *12*
Schwierigkeitsgrad: *einfach*

KLEINE Schokoladenbarren

Zutaten
60 g Butter
2 Eiweiß
50 g Kakaopulver
200 g Zucker
1 Prise Salz
60 g Mehl
2 TL Vanilleextrakt
400 g dunkle Kuvertüre
50 g weiße Kuvertüre

AUSSERDEM
Backform, 20 × 20 cm
Butter für die Form
Backpapier

1. Den Backofen auf 180 °C vorheizen. Die Backform mit Butter ausfetten. Das Backpapier passend zuschneiden und den Boden damit belegen.

2. Für den Teig die Butter schmelzen und in eine Schüssel geben. Das Eiweiß leicht schaumig schlagen. Das Kakaopulver, den Zucker, das Salz, das Mehl, den Vanilleextrakt und das Eiweiß zu der Butter geben und miteinander verrühren. In die vorbereitete Form füllen und im vorgeheizten Backofen 30 Minuten backen. 10 Minuten abkühlen lassen und dann vorsichtig aus der Form lösen.

3. Die dunkle Schokolade über einem heißen Wasserbad schmelzen und wieder abkühlen lassen. Die weiße Schokolade ebenfalls schmelzen.

4. Den abgekühlten Kuchen in 12 Stücke zu 4 × 6 cm schneiden. Die Stücke mit der dunklen Schokolade überziehen und mit der weißen Schokolade verzieren.

DUNKLE *Schokoladencreme* MIT KANDIERTEN ORANGEN

Zubereitungszeit: *10 Minuten*
Garzeit: *10 Minuten*
Kühlzeit: *2 Stunden*
Personen: *4*
Schwierigkeitsgrad: *mittel*

Zutaten
100 g Zartbitterkuvertüre
200 g Sahne
2 Eigelb
75 g Puderzucker
50 g kandierte Orangen
4 Physalis

1. Die Kuvertüre hacken und zusammen mit der Sahne in einem Topf erwärmen, bis sich die Kuvertüre vollständig aufgelöst hat. Etwas abkühlen lassen. Das Eigelb mit dem Puderzucker weißschaumig aufschlagen und die Schokoladensahne einrühren.

2. Über einem heißen Wasserbad unter ständigem Rühren erhitzen, bis die Creme eindickt. Dabei nicht kochen lassen. In 4 Gläser verteilen und mindestens 2 Stunden kalt stellen.

3. Die kandierten Orangen klein schneiden und über die Creme streuen. Mit Physalis verziert servieren.

Zubereitungszeit: *30 Minuten*
Kochzeit: *5 Minuten*
Kühlzeit: *2 Stunden*
Personen: *8*
Schwierigkeitsgrad: *mittel*

Charlotte MIT MANDELLIKÖR

Zutaten
500 ml Milch
40 g Speisestärke
2 Eigelb
50 g Zucker
1 TL Vanilleextrakt
28 Löffelbiskuits
100 ml Amaretto (ersatzweise Amarettosirup)
200 g Sahne
1 Pck. Sahnefestiger
2 EL Puderzucker
dragierte Mandeln und silberne Zuckerperlen

AUSSERDEM
Schüssel mit planem Boden
Klarsichtfolie

1. Die Hälfte der Milch mit der Speisstärke, dem Eigelb und dem Zucker verquirlen. Die restliche Milch mit dem Vanilleextrakt kurz aufkochen. Den Topf vom Herd ziehen und die angerührte Milch hineinrühren. Unter ständigem Rühren die Mischung nochmals aufkochen und wieder abkühlen lassen. Für 1 Stunde in den Kühlschrank stellen.

2. Die Schüssel mit Klarsichtfolie auskleiden. Die Hälfte der Löffelbiskuits in der Schüssel am Rand entlang aufstellen. Die anderen Löffelbiskuits nebeneinander auf einen großen Teller legen und mit Amaretto beträufeln.

3. Die Sahne mit Sahnefestiger und Puderzucker steif schlagen.

4. Eine Schicht Vanillecreme und eine Schicht Sahne in die Charlotte füllen, mit den getränkten Löffelbiskuits bedecken. Jeweils eine weitere Schicht einfüllen.

5. Die Charlotte für 2 Stunden in den Kühlschrank stellen. Vor dem Servieren aus der Form und aus der Klarsichtfolie lösen. Mit dragierten Mandeln und Silberperlen verzieren.

Zubereitungszeit: *5 Minuten*
Kochzeit: *2 Minuten*
Personen: *6*
Schwierigkeitsgrad: *einfach*

Schokocreme MIT GEWÜRZEN

Zutaten
300 ml Milch
200 g Sahne
1 EL Kakao
1 EL Speisestärke
2 EL Zucker
½ TL Kardamompulver
1 Msp. Nelkenpulver
Zimt zum Bestreuen

1. 100 ml Milch und die Sahne mit dem Kakao und der Speisestärke anrühren.

2. Die restliche Milch erhitzen und die angerührte Mischung hineinrühren. Kurz aufkochen lassen, vom Herd nehmen, den Zucker und die Gewürze einrühren. Etwas abkühlen lassen und dabei mehrmals umrühren. Lauwarm in Serviergläser füllen und Zimt darüberstreuen.

Weihnachtsgewürz-Tarte MIT SCHOKOLADE UND MANDELN

Zubereitungszeit: *25 Minuten*
Ruhezeit: *1 Stunde*
Backzeit: *25 Minuten*
Stücke: *8*
Schwierigkeitsgrad: *aufwendig*

Zutaten

TEIG

250 g Mehl
60 g Zucker
1 Prise Salz
150 g Butter
1 Ei
1 TL Balsamico-Essig

BELAG

250 g Zartbitterkuvertüre
150 g Sahne
50 g Aprikosenmarmelade
1 Msp. Kardamom
½ TL Zimt
150 g gehackte Mandeln
Kakaopulver zum Bestäuben

AUSSERDEM

Frischhaltefolie
rechteckige Kuchenform, 30 × 15 cm
Butter für die Form
Backpapier
Backbohnen oder getrocknete Hülsenfrüchte

1. Für den Teig das Mehl, den Zucker und das Salz vermischen. Die Butter in kleinen Stücken darüber verteilen. Den Teig zwischen den Fingern zu einer sandigen Konsistenz zerreiben. Das Ei und den Balsamico hinzufügen und schnell zu einem glatten Teig verkneten. Den Teig zu einer Kugel formen und, in Frischhaltefolie gewickelt, 1 Stunde im Kühlschrank ruhen lassen.

2. Den Backofen auf 200 °C vorheizen. Eine Kuchenform buttern. Den Teig auf einer bemehlten Arbeitsfläche ausrollen und die Form damit auskleiden. Mit einer Gabel mehrmals einstechen.

3. Den Teig mit Backpapier bedecken und mit getrockneten Hülsenfrüchten oder Backbohnen beschweren. Im vorgeheizten Backofen 15 Minuten backen, dann das Backpapier und die Hülsenfrüchte vorsichtig entfernen; weitere 10 Minuten fertig backen. Den Teigboden nach dem Backen abkühlen lassen.

4. Die Kuvertüre hacken und zusammen mit der Sahne und der Aprikosenmarmelade unter Rühren in einem Topf erhitzen und dabei schmelzen lassen. Den Kardamom und den Zimt einrühren.

5. Die Mandeln auf dem Kuchenboden verteilen und die Schokoladenmasse darüber verstreichen. Auf Zimmertemperatur abkühlen lassen und zum Servieren mit Kakaopulver bestäuben.

Pochierte Birne
IM LEBKUCHEN-MANTEL

Zubereitungszeit: *15 Minuten*
Kochzeit: *10–20 Minuten*
Stück: *4*
Schwierigkeitsgrad: *einfach*

Zutaten
4 Birnen
750 ml Weißwein
100 g Zucker
½ Stange Zimt
1 Zweig Minze
5 Scheiben weicher Lebkuchen (Holländisches Frühstücksbrot)

AUSSERDEM
Sparschäler
Küchenpapier
Mixer

1. Die Birnen waschen und schälen, den Blütenansatz entfernen. Den Weißwein mit dem Zucker und der Zimtstange aufkochen. Die Birnen in den Wein legen und bei sanfter Hitze 10–20 Minuten pochieren.

2. Die Minze waschen und mit Küchenpapier trocken tupfen. 3 Scheiben Lebkuchen im Mixer fein zerkrümeln und auf einen Teller schütten. 2 Scheiben in 4 Quadrate schneiden und auf vier Dessertteller verteilen.

3. Die pochierten Birnen abtropfen lassen und in den Bröseln wälzen. Jede Birne auf ein Stück Lebkuchen stellen und mit Minzblättchen verzieren.

Zubereitungszeit: *10 Minuten*
Kochzeit: *30–35 Minuten*
Kühlzeit: *2 Stunden*
Stück: *6*
Schwierigkeitsgrad: *einfach*

Zitronencreme

Zutaten
1 Vanilleschote
6 Eier
6 EL Agavensirup
400 ml Sahne
150 ml Zitronensaft
Schale von 1 unbehandelten Zitrone

AUSSERDEM
6 feuerfeste Schälchen
flache Form als Wasserbad für die Schälchen
Klarsichtfolie
Schneebesen

1. Den Backofen auf 150 °C vorheizen. Wasser für das Wasserbad erhitzen.

2. Die Vanilleschote längs aufritzen und das Mark herauskratzen. Das Vanillemark mit den Eiern, dem Agavensirup und der Sahne in eine Schüssel geben und gründlich mit einem Schneebesen verquirlen. Den Zitronensaft und die -schale hineinrühren.

3. Die Creme in 6 kleine Schälchen füllen und die Schälchen in eine flache Form stellen. Die Form in den vorgeheizten Backofen schieben und zur Hälfte mit heißem Wasser füllen. Die Ofentür schließen und die Creme 30–35 Minuten stocken lassen.

4. Die Schälchen aus dem Wasserbad nehmen und auf Zimmertemperatur abkühlen lassen. Mit Klarsichtfolie abdecken und 2 Stunden kühl stellen.

Kleine Schokoladen-Charlotten

Zubereitungszeit: *20 Minuten*
Kochzeit: *5 Minuten*
Kühlzeit: *3 Stunden*
Stück: *6*
Schwierigkeitsgrad: *einfach*

Zutaten
200 g Schokolade
6 Eier
1 Prise Salz
3 EL Orangenlikör
48 Löffelbiskuits
150 g Himbeeren
Puderzucker

AUSSERDEM
6 kleine Schälchen

1. Die Schokolade in Stücke brechen und mit 4 EL Wasser bei schwacher Hitze zum Schmelzen bringen und wieder auf Zimmertemperatur abkühlen lassen.

2. Die Eier trennen. Das Eigelb in die Schokolade rühren. Das Eiweiß mit einer Prise Salz zu Schnee schlagen. Den Eischnee vorsichtig unter die Schokoladenmasse ziehen. Die Schokoladenmousse in den Kühlschrank stellen.

3. Den Orangenlikör mit 2 EL Wasser in einen tiefen Teller geben. Die Löffelbiskuits mit der ungezuckerten Seite kurz eintauchen. Die kleinen Schälchen mit den Löffelbiskuits auskleiden und mit Schokoladenmousse auffüllen. Mindestens 3 Stunden kühl stellen.

4. Die Himbeeren verlesen. Die Schokoladen-Charlotten damit verzieren und mit Puderzucker bestreuen.

Zubereitungszeit: *30 Minuten*
Kochzeit: *10 Minuten*
Kühlzeit: *3 Stunden*
Personen: 6
Schwierigkeitsgrad: *aufwendig*

Nougatparfait MIT HIMBEERCOULIS

Zutaten
75 g ungesalzene Pistazien
75 g Mandeln
150 g Krokant
100 g flüssiger Honig
90 g Zucker
3 Eiweiß
150 ml Sahne
6 Löffelbiskuits
250 g Himbeeren

AUSSERDEM
Kastenform, 1,5 l
Klarsichtfolie
Sieb
Mixer

1. Die Pistazien und die Mandeln hacken. Den Krokant zunächst grob und dann im Mixer fein zerkleinern. Den Honig mit 40 g Zucker und 50 ml Wasser erhitzen und auf kleiner Flamme 5 Minuten köcheln lassen.

2. Das Eiweiß zu Schnee schlagen. Unter ständigem Schlagen den Sirup in dünnem Strahl in den Eischnee hineinlaufen lassen. So lange weiterschlagen, bis die Masse abgekühlt ist. Die Sahne steif schlagen und vorsichtig unterheben. Die Mandeln, die Pistazien und den Krokant hinzufügen.

3. Eine Kastenform mit Klarsichtfolie auskleiden. Die Hälfte der Masse einfüllen und mit Löffelbiskuits bedecken. Die restliche Masse daraufgeben und mit Klarsichtfolie bedecken. Für 3 Stunden in den Tiefkühler geben.

4. Den restlichen Zucker mit 50 ml Wasser erhitzen und 5 Minuten leise köcheln lassen. Die Himbeeren verlesen und einige für die Dekoration aufbewahren. Die restlichen Himbeeren in einen Mixer geben und mit dem Sirup zu einem Coulis verarbeiten. Die gemixten Himbeeren durch ein Sieb streichen, um die Kerne zu entfernen. Bis zum Servieren kühl stellen.

5. Zehn Minuten vor dem Servieren das Parfait aus dem Tiefkühler nehmen und die Frischhaltefolie entfernen. In Scheiben schneiden und mit dem Himbeercoulis servieren. Mit Himbeeren dekorieren.

Zubereitungszeit: *45 Minuten*
Backzeit: *10–15 Minuten*
Kühlzeit: *2 Stunden*
Stück: *8*
Schwierigkeitsgrad: *mittel*

Mango- DESSERT

Zutaten

BISKUIT

3 Eier
150 g Zucker
100 g Mehl
50 g Speisestärke
1 TL Backpulver

HELLE CREME

250 ml Milch
1 EL Speisestärke
1 EL Zucker
1 TL Vanilleextrakt

MANGOCREME

300 ml Mangosaft
1 EL Speisestärke
1 EL Zucker
100 g Crème fraîche

AUSSERDEM

1 Mango
Backblech
Backpapier
1 Tuch
Zucker für das Tuch

1. Den Backofen auf 210 °C vorheizen. Ein Backblech mit Backpapier belegen.

2. Die Eier mit 3 EL heißem Wasser zu einem festen Schaum schlagen. Den Zucker hineinrieseln lassen und die Masse 2 Minuten weiterschlagen. Das Mehl mit der Speisestärke und dem Backpulver mischen und unter die Masse rühren. Den Teig auf das Backblech streichen. Im vorgeheizten Ofen 10–15 Minuten backen.

3. Nach dem Backen den Biskuit sofort auf ein mit Zucker bestreutes Tuch stürzen. Das Backpapier mit etwas Wasser bestreichen und vorsichtig abziehen. Den Biskuit in zwei Platten zu 15 × 30 cm zuschneiden.

4. Die Mango waschen, abtrocknen und schälen. Das Fruchtfleisch vom Kern schneiden und fein würfeln.

5. Für die helle Creme die Hälfte der Milch mit der Speisestärke und dem Zucker verrühren. Die restliche Milch mit dem Vanilleextrakt aufkochen und das Stärkegemisch hineinrühren. Unter ständigem Rühren kurz andicken lassen und auf eine der beiden Biskuitplatten gießen.

6. Für die Mangocreme die Hälfte des Saftes ebenfalls mit der Speisestärke und dem Zucker anrühren. Den restlichen Saft aufkochen und die angerührte Speisestärke hineinrühren. Kochen lassen und dabei rühren, bis die Mischung andickt. Von der Flüssigkeit 150 ml abmessen und gleichmäßig auf der hellen Creme verteilen.

7. Die restliche Mangocreme mit der Crème fraîche verrühren. Die Mangowürfel daruntermischen. Die zweite Biskuitplatte damit bestreichen. Alles auf Zimmertemperatur abkühlen lassen und dann die erste Platte auf die Mangocreme setzen. Mindestens 2 Stunden kühlen und dann in 8 Quadrate schneiden.

SCHWARZWÄLDER *Kirschdessert*

Zubereitungszeit: *15 Minuten*
Kochzeit: *8 Minuten*
Stück: *4*
Schwierigkeitsgrad: *einfach*

Zutaten
4 Schokoladen-Cookies
4 EL Kirschwasser
1 Glas Kirschen, 350 g
1 TL Kakaopulver
1 TL Speisestärke
250 ml Milch
1 EL Zucker
200 g Sahne
1 Pck. Sahnefestiger
1 EL Puderzucker

AUSSERDEM
4 Gläser

1. Die Schokoladen-Cookies in einen tiefen Teller legen und mit dem Kirschwasser tränken.

2. Die Kirschen in ein Sieb geben. Die Flüssigkeit in einem kleinen Topf auffangen und bei schwacher Hitze zur Hälfte einkochen.

3. Das Kakaopulver mit der Stärke und der Hälfte der Milch anrühren. Die restliche Milch aufkochen. Die Kakaomilch unter Rühren hineingießen und nochmals aufkochen lassen. Den Zucker hineinrühren und den Topf vom Herd ziehen. Abkühlen lassen und mehrmals umrühren.

4. Die Sahne mit dem Sahnefestiger und dem Puderzucker steif schlagen.

5. In jedes Glas 1 EL Kirschen und etwas von dem Kirschsirup geben. Jeweils eine Schicht Sahne, Schokocreme und wieder Sahne daraufgeben. Dann die eingeweichten Cookies auf die Gläser verteilen und mit einer Schicht Sahne bedecken. Die Schokocreme und die Kirschen daraufschichten und mit Sirup beträufeln.

Zubereitungszeit: *20 Minuten*
Kochzeit: *5 Minuten*
Kühlzeit: *6 Stunden*
Stück: *8*
Schwierigkeitsgrad: *aufwendig*

GEEISTES *Maronensoufflé*

Zutaten
250 ml Milch
200 g Zucker
1 TL Kakao
1 Vanilleschote
6 Eigelb
200 g Maronencreme
2 EL Kirschwasser
300 g Sahne
8 kandierte Maronen

AUSSERDEM
4 Förmchen
Backpapier
Klebefilm
Eiswürfel

1. Die Förmchen mit Backpapier umwickeln. Das Backpapier 3 cm über den Rand ragen lassen und festkleben.

2. Die Milch mit der Hälfte des Zuckers, dem Kakao und der aufgeschlitzten Vanilleschote aufkochen, vom Herd nehmen und 10 Minuten mit geschlossenem Deckel stehen lassen.

3. Den restlichen Zucker mit dem Eigelb schaumig schlagen. Die Milch noch einmal aufkochen und die Vanilleschote entfernen. Die heiße Milch in dünnem Strahl in den Eigelbschaum einrühren. Die Mischung in den Topf füllen und bei ganz sanfter Hitze so lange schlagen, bis sie andickt. Vom Herd nehmen und in einer Schüssel mit Eiswasser so lange weiterschlagen, bis die Creme abgekühlt ist. Die Maronencreme und das Kirschwasser unterrühren. 200 g Sahne steif schlagen und unterheben. Die Creme in die vorbereiteten Förmchen füllen.

4. Für 6 Stunden in den Tiefkühler geben. 10 Minuten vor dem Servieren herausnehmen und das Backpapier entfernen. Die restliche Sahne steif schlagen. Mit den kandierten Maronen und der Sahne verzieren.

Schoko-ZITRONEN-TÖRTCHEN

Zubereitungszeit: *45 Minuten*
Backzeit: *30 Minuten*
Kühlzeit: *1,5 Stunden*
Stück: *6*
Schwierigkeitsgrad: *mittel*

Zutaten
300 g Mehl
200 g Butter
100 g Zucker
1 Prise Salz
1 Ei

ZITRONENCREME
1 unbehandelte Zitrone
60 g Butter
1 Ei
100 g Zucker

SCHOKOLADENCREME
150 g dunkle Schokolade
40 g Sahne
15 g Butter

AUSSERDEM
Klarsichtfolie
6 Tortelettförmchen
Butter für die Förmchen
Kuchengitter
kandierte Zitronenschale zum Verzieren

1. Aus dem Mehl, der Butter, dem Zucker, dem Salz und dem Ei einen festen Teig kneten. In Klarsichtfolie einschlagen und für 30 Minuten in den Kühlschrank legen. Den Backofen auf 200 °C vorheizen. Die Förmchen mit Butter ausfetten. Den Teig dünn ausrollen, die Förmchen damit auskleiden und mit einer Gabel mehrfach einstechen.

2. Für die Zitronencreme die Zitrone waschen, abtrocknen und die Schale abreiben. Den Saft auspressen. Die Butter schmelzen. Das Ei mit dem Zucker schaumig schlagen. Die Butter unter ständigem Schlagen hinzufügen. Dann den Zitronensaft und die Schale hineinrühren.

3. Die Zitronencreme auf die vorbereiteten Förmchen verteilen. Im vorgeheizten Backofen zunächst 15 Minuten backen. Weitere 15 Minuten bei 180 °C backen. Auf einem Gitter abkühlen lassen und dann vorsichtig aus den Förmchen lösen.

4. Inzwischen die Schokoladencreme vorbereiten. Die Schokolade mit einem schweren Messer in kleine Stücke schneiden. Die Sahne aufkochen, über die Schokolade gießen und rühren, bis die Schokolade aufgelöst ist. Die Butter in die Creme rühren. Die Schokoladencreme auf die Zitronentörtchen verteilen. Die Törtchen für 1 Stunde kühl stellen. Mit kandierter Zitronenschale verzieren.

Zubereitungszeit: *20 Minuten*
Kochzeit: *5 Minuten*
Kühlzeit: *8 Stunden*
Stück: *4*
Schwierigkeitsgrad: *mittel*

Orangensoufflé-EIS

Zutaten
150 g weiße Kuvertüre
2 Eier
200 g Sahne
50 g Zucker
1 TL geriebene Orangenschale
72 Gebäcksticks
50 g Orangeat

AUSSERDEM
Backpapier
4 Ramequins-Formen
Klebefilm

1. Das Backpapier doppellagig um die Förmchen wickeln und 3 cm über den Rand ragen lassen. Mit Klebefilm fixieren.

2. Die Kuvertüre in Stücke schneiden, über einem heißen Wasserbad schmelzen und wieder abkühlen lassen. Die Eier trennen und die Eiweiße steif schlagen. Die Sahne in einem anderen Gefäß steif schlagen.

3. Die Eigelbe mit dem Zucker zu einem hellen Schaum schlagen. Die geschmolzene Kuvertüre unter ständigem Rühren in den Eigelbschaum gießen. Die Orangenschale in die Masse rühren.

4. Zunächst die Sahne und dann den Eischnee unterrühren. Die Masse in die Förmchen füllen. Die Gebäcksticks am Rand entlang in die Masse stecken. Über Nacht in den Tiefkühler stellen. 10 Minuten vor dem Servieren herausnehmen und aus den Förmchen lösen. Mit Orangeat verzieren.

Weihnachts-
BÄCKEREI

Zubereitungszeit: *25 Minuten*
Backzeit: *10–12 Minuten*
Stück: *ca. 40*
Schwierigkeitsgrad: *einfach*

Sternkekse

Zutaten
150 g Butter
125 g Zucker
1 Pck. Vanillezucker
1 Prise Salz
1 Ei
1 Eigelb
250 g Mehl
1 gestr. TL Backpulver
1 TL Mohn

AUSSERDEM
Backblech
Backpapier
Sternausstecher

1. Den Backofen auf 180 °C vorheizen. Ein Backblech mit Backpapier belegen.

2. Die Butter mit dem Zucker, dem Vanillezucker und dem Salz schaumig schlagen. Das Ei und das Eigelb hineinrühren. Das Mehl mit dem Backpulver mischen und in den Teig rühren.

3. Den Teig etwa 8 mm dick ausrollen. Sterne ausstechen. Den Mohn darüberstreuen.

4. Im vorgeheizten Backofen etwa 10–12 Minuten backen. Auf dem Blech abkühlen lassen.

Patience

Zubereitungszeit: *25 Minuten*
Backzeit: *15 Minuten*
Stück: *25–40*
Schwierigkeitsgrad: *einfach*

Florentiner

Zutaten
50 g Butter
50 g Rosinen
50 g Orangeat
50 g Zitronat
250 g Mandelblättchen
250 g Zucker
100 g Mehl
3 Eiweiß
200 g dunkle Schokolade

AUSSERDEM
Backblech
Backpapier

1. Den Backofen auf 180 °C vorheizen.

2. Die Butter schmelzen und abkühlen lassen. Die Rosinen, das Orangeat, das Zitronat, die Mandelblättchen, den Zucker, das Mehl und das Eiweiß in einer Schüssel miteinander vermischen. Die Butter unterrühren.

3. Ein Backblech mit Backpapier belegen.

4. Mit zwei Teelöffeln in großem Abstand kleine Häufchen auf das Papier setzen und leicht flachdrücken. Im vorgeheizten Backofen 15 Minuten backen. Auf dem Papier abkühlen lassen.

5. Inzwischen die Schokolade über einem heißen Wasserbad schmelzen und wieder etwas abkühlen lassen. Die abgekühlten Florentiner mit der Unterseite in die Schokolade tauchen und umgedreht auf dem Backpapier trocknen lassen.

Zubereitungszeit: *25 Minuten*
Backzeit: *20 Minuten*
Kühlzeit: *30 Minuten*
Stück: *9*
Schwierigkeitsgrad: *einfach*

KLEINE Früchtekuchen

Zutaten

300 g Mehl
200 g Butter
100 g Zucker
1 Prise Salz
1 Ei
150 g gemischte Trockenfrüchte
2 EL Brandy
1 TL geriebene Zitronenschale
1 Eigelb zum Bestreichen
1 EL Sahne
Puderzucker zum Bestreuen

AUSSERDEM

Klarsichtfolie
Mixer
Muffinblech mit 9 Vertiefungen
Butter zum Fetten der Form
Sternausstecher
Backpinsel
Kuchengitter

1. Aus dem Mehl, der Butter, dem Zucker, dem Salz und dem Ei einen festen Teig kneten. Den Teig in Klarsichtfolie wickeln und für 30 Minuten in den Kühlschrank legen.

2. Die Trockenfrüchte mit dem Brandy und der Zitronenschale im Mixer zu einer Paste verarbeiten.

3. Den Backofen auf 200 °C vorheizen.

4. Die Vertiefungen des Muffinblechs mit Butter fetten. Den Teig ausrollen und 9 Sterne ausstechen. Mit dem restlichen Teig die Vertiefungen auskleiden. Den Trockenfrüchtemix hineinfüllen und mit jeweils einem Stern bedecken.

5. Das Eigelb mit der Sahne verrühren und den Teig damit bestreichen. Im vorgeheizten Backofen etwa 20 Minuten goldbraun backen.

6. Das Muffinblech auf einem Gitter abkühlen lassen und die Törtchen nach etwa 10 Minuten aus der Form lösen. Mit Puderzucker bestreuen.

Zubereitungszeit: *30 Minuten*
Backzeit: *10 Minuten*
Kühlzeit: *30 Minuten*
Stück: *ca. 25–40*
Schwierigkeitsgrad: *mittel*

Fruchttürmchen MIT BAISER

Zutaten
150 g gemischte Trockenfrüchte
250 g Mehl
1 TL Backpulver
80 g Zucker
1 Prise Salz
2 Eier
150 g Butter

BAISER
1 Eiweiß
50 g Puderzucker

BUTTERCREME
110 g weiche Butter
480 g Puderzucker
2 EL Milch
1 TL Vanilleextrakt

AUSSERDEM
Backblech
Backpapier
Klarsichtfolie

1. Ein Backblech mit Backpapier belegen.

2. Die Trockenfrüchte in sehr kleine Stücke schneiden. Das Mehl, das Backpulver, den Zucker, das Salz, die Eier und die Butter zu einem weichen Teig kneten. Die Trockenfrüchte untermischen.

3. Den Teig in zwei Portionen teilen und jeweils halb so groß wie das Backblech ausrollen. Mit Klarsichtfolie bedecken und für 30 Minuten kühl stellen. Den Backofen auf 180 °C vorheizen. Die Teigplatten in Quadrate von 2–3 cm Kantenlänge schneiden. Im vorgeheizten Backofen etwa 10 Minuten backen. Auf dem Backblech abkühlen lassen.

4. Das Eiweiß steif schlagen. Den Puderzucker nach und nach hinzufügen und dabei weiterschlagen.

5. Die Zutaten für die Buttercreme mit dem Rührgerät zu einer glatten Creme verarbeiten.

6. Den Grill des Backofens aufheizen. Ein Backblech mit Backpapier belegen. Ein Viertel der Plätzchen auf dem vorbereiteten Blech ausbreiten. Jeweils einen Klecks Baisermasse daraufgeben. Unter den Grill schieben, bis die Masse braune Spitzen zeigt. Abkühlen lassen.

7. Für jedes Türmchen jeweils ein Plätzchen mit Buttercreme bestreichen, zwei weitere Plätzchen mit Buttercreme daraufsetzen und mit einem Baiser-Plätzchen krönen.

Zubereitungszeit: *30 Minuten*
Kühlzeit: *30 Minuten*
Backzeit: *10–14 Minuten*
Stück: *15*
Schwierigkeit: *einfach*

Butter-Engel

Zutaten
250 g Mehl
1 TL Backpulver
125 g Butter
75 g Zucker
1 TL Vanillezucker
1 Ei
Mehl für die Arbeitsfläche

AUSSERDEM
Klarsichtfolie
Backblech
Backpapier
Ausstechform

1. Das Mehl mit dem Backpulver mischen und mit den übrigen Zutaten zu einem festen Teig kneten. Den Teig zu einer Kugel formen und, in Klarsichtfolie eingepackt, mindestens 30 Minuten in den Kühlschrank legen.

2. Den Backofen auf 200 °C vorheizen. Ein Backblech mit Backpapier belegen.

3. Den Teig ausrollen und mit Hilfe einer Form Engel ausstechen. Falls die Engel später als Dekoration aufgehängt werden sollen, Löcher in den Teig stechen. Dabei sollten die Löcher etwas größer als benötigt sein, weil sie sich in der Hitze des Ofens leicht verengen.

4. Die Engel auf dem vorbereiteten Blech 10–14 Minuten backen, bis das Gebäck eine schöne Farbe hat.

Zubereitungszeit: *45 Minuten*
Kühlzeit: *30 Minuten*
Backzeit: *12 Minuten*
Stück: *ca. 20*
Schwierigkeitsgrad: *einfach*

Rosenmonde

Zutaten
150 g Butter
180 g Mehl
80 g Zucker
80 g Mandeln, gehäutet und gemahlen
50 cl Rosenwasser
Puderzucker zum Bestäuben

AUSSERDEM
Klarsichtfolie
Backblech
Backpapier

1. Die Butter, das Mehl, den Zucker und die Mandeln zu einem festen Teig kneten. Den Teig in Klarsichtfolie wickeln und kühl stellen. Nach etwa 30 Minuten kann der Teig ausgerollt werden.

2. Den Backofen auf 170 °C vorheizen. Ein Backblech mit Backpapier belegen.

3. Mit der Hand Monde formen und auf das vorbereitete Backblech legen. Die Monde etwa 12 Minuten backen. Noch warm mit Rosenwasser besprenkeln und mit Puderzucker bestäuben.

Zubereitungszeit: *40 Minuten*
Kühlzeit: *2 Stunden*
Backzeit: *10 Minuten*
Stück: *ca. 35*
Schwierigkeitsgrad: *einfach*

Gewürzplätzchen

Zutaten

125 g Butter
250 g Mehl
1 Msp. Kardamompulver
1 Msp. Nelkenpulver
½ TL Zimt
1 Prise Salz
125 g brauner Rohrzucker
1 Ei (Größe L)
Mehl für die Arbeitsfläche
Puderzucker zum Bestäuben

AUSSERDEM

Backblech
Backpapier
Frischhaltefolie
Ausstechformen
Kuchengitter

1. Den Backofen auf 200 °C vorheizen. Ein Backblech mit Backpapier belegen. Die Butter in kleine Würfel schneiden. Das Mehl, die Gewürze und den Zucker vermischen. Die Mehlmischung zusammen mit den Butterwürfeln zwischen den Händen zu einer sandigen Konsistenz zerreiben. Das Ei hinzufügen und schnell zu einem glatten Teig verkneten. Den Teig zu einer Kugel rollen und, in Frischhaltefolie gewickelt, mindestens 2 Stunden kalt stellen.

2. Den Teig auf der bemehlten Arbeitsfläche 1 cm dick ausrollen. Weihnachtliche Motive mit entsprechenden Formen ausstechen und auf das vorbereitete Backblech legen.

Die Gewürzplätzchen etwa 10 Minuten backen. Auf einem Gitter auskühlen lassen und mit Puderzucker bestäuben.

Weihnachtsbrot MIT NÜSSEN UND FRÜCHTEN

Zubereitungszeit: *20 Minuten*
Backzeit: *1 Stunde*
Ruhezeit: *1,5 Stunden*
Stück: *16*
Schwierigkeitsgrad: *mittel*

Zutaten

BROT

500 g Mehl
42 g Hefe
1 TL Salz
125 g weiche Butter
1 Ei
3 EL Zucker
200 g gemischte Nüsse
100 g Rosinen

TOPPING

50 ml Milch
2 EL Zucker
50 g gemischte Nüsse (Mandeln, Walnüsse, Haselnüsse)
50 g rote Trockenfrüchte (Himbeeren, Cranberrys)

AUSSERDEM

Backform, 1 l
Butter für die Form
Backpapier
Kuchengitter

1. Aus dem Mehl, der Hefe, 250 ml Wasser, dem Salz, der Butter, dem Ei und dem Zucker einen weichen Hefeteig kneten. Die Nüsse und die Rosinen in den Teig mischen. 30 Minuten zugedeckt an einem warmen Ort gehen lassen.

2. Die Form mit Butter fetten und mit Backpapier ausschlagen. Den Teig kurz kneten, zu einer Kugel formen und in die Form legen. Etwa 1 Stunde gehen lassen, bis sich das Volumen verdoppelt hat.

3. Den Backofen auf 180 °C vorheizen. Auf der zweiten Stufe von unten etwa 1 Stunde backen. Nach dem Backen aus der Form lösen und auf einem Gitter abkühlen lassen.

4. Für das Topping die Milch mit dem Zucker aufkochen und rühren, bis sich der Zucker aufgelöst hat. Die Nüsse und die Früchte hineinrühren und dann auf dem Weihnachtsbrot verteilen.

Weihnachtsbaum-DESSERT MIT HIPPEN UND SCHOKOMOUSSE

Zubereitungszeit: *45 Minuten*
Kühlzeit: *2,5 Stunden*
Kochzeit: *5 Minuten*
Personen: *4*
Schwierigkeitsgrad: *mittel*

Zutaten

HIPPEN

125 g Marzipan
40 g Sahne
3 Eiweiß
65 g Puderzucker
50 g Mehl
40 g flüssige Butter
Mehl für die Bleche

DUNKLE SCHOKOLADENMOUSSE

200 g Zartbitter-Kuvertüre
100 g Sahne
100 g Eiweiß

WEISSE SCHOKOLADENMOUSSE

3 Blatt Gelatine
150 g weiße Kuvertüre
200 g kalte Sahne + 3 EL Sahne
3 Eigelb
40 g Zucker

AUSSERDEM

Backpinsel
Backspachtel
2 Spritzbeutel mit Sterntüllen

1. Für die Hippen das Marzipan und die Sahne glatt rühren. Es dürfen keine Klumpen entstehen. Falls nötig, die Masse etwas anwärmen und durch ein Haarsieb streichen. Das Eiweiß mit dem Puderzucker cremig aufschlagen, aber nicht steif schlagen. Beide Massen mit dem Mehl verrühren und 30 Minuten im Kühlschrank ruhen lassen, dann erneut durchrühren.

2. Den Backofen auf 200 °C vorheizen. 2 Backbleche mit der Butter bepinseln und gleichmäßig bemehlen. Mehlreste abklopfen. Vorsichtig 20 dünne Kreise aus Hippenteig mit zunehmendem Durchmesser auf die Bleche aufstreichen, dabei nicht die Mehlschicht verletzen. Im Idealfall immer 4 Teigkreise mit der gleichen Größe formen.

3. Die Hippen im vorgeheizten Backofen 4–5 Minuten backen, bis sie anfangen zu bräunen. Dann sofort aus dem Ofen nehmen und direkt mit einem Backspachtel ablösen. Auskühlen lassen. Achtung: Hippenteig bräunt durch den hohen Zuckeranteil sehr plötzlich und dann sehr schnell.

4. Für die dunkle Mousse die Kuvertüre hacken und über einem heißen Wasserbad schmelzen. Die Sahne aufschlagen und in den Kühlschrank stellen. Das Eiweiß 5 Minuten standfest aufschlagen, weiterrühren und dabei die flüssige Kuvertüre einlaufen lassen. Die Sahne vorsichtig unterheben und die fertige Mousse in einer Schüssel zugedeckt 2 Stunden kalt stellen.

5. Für die weiße Mousse die Gelatine in kaltem Wasser einweichen. Die Kuvertüre hacken und über einem heißen Wasserbad schmelzen. 200 g Sahne steif schlagen und kalt stellen. 3 EL Sahne in einem kleinen Topf erwärmen und die ausgedrückte Gelatine darin auflösen. Die Eigelbe mit dem Zucker 5 Minuten weiß aufschlagen. Die Kuvertüre und die Sahne mit der aufgelösten Gelatine einrühren. Die Schlagsahne vorsichtig unterheben. Zugedeckt 2 Stunden kalt stellen.

6. Kurz vor dem Servieren die 2 Mousse-Sorten in 2 Spritzbeutel füllen. Die vier größten Hippen mit einer Lage dunkler Mousse versehen und die nächstkleineren Hippen aufsetzen. Die weiße Mousse aufspritzen und wieder eine Hippe auflegen. Sobald alle Hippen verbraucht sind, die Weihnachtsbäume mit einem Tupfer dunkler Mousse krönen. Mit einem Backspachtel auf die Teller heben und mit Puderzucker und weihnachtlicher Zuckerdekoration verzieren. Sofort servieren.

Kekse ALS WEIHNACHTSBAUM-SCHMUCK

Zubereitungszeit: *10 Minuten*
Kühlzeit: *2 Stunden*
Backzeit: *10–12 Minuten*
Stück: *25*
Schwierigkeitsgrad: *einfach*

Zutaten
100 g Zucker
250 g Mehl
½ TL Salz
150 g Butter
Mehl für die Arbeitsfläche

AUSSERDEM
Frischhaltefolie
Backblech
Backpapier
Sternausstecher

1. Den Zucker, das Mehl und das Salz vermischen. Mit der Butter zu einem glatten Teig verkneten und in Frischhaltefolie gewickelt 2 Stunden kalt stellen.

2. Den Backofen auf 180 °C vorheizen. Ein Backblech mit Backpapier belegen. Den Teig auf einer bemehlten Arbeitsfläche ausrollen und Sterne ausstechen. Die Sterne mit einem Loch für die Aufhängung versehen und auf dem Backpapier verteilen. Dabei sollten die Löcher etwas größer als benötigt sein, weil sie sich in der Hitze des Ofens leicht verengen. Im vorgeheizten Backofen 10–12 Minuten backen.

Zubereitungszeit: *15 Minuten*
Backzeit: *10 Minuten*
Kühlzeit: *1 Stunde*
Stück: *ca. 40*
Schwierigkeitsgrad: *einfach*

Husarenkrapfen

Zutaten
100 g kalte Butter
250 g Mehl
100 g Puderzucker
1 Prise Salz
1 Ei
200 g Erdbeerkonfitüre ohne Stücke

AUSSERDEM
Klarsichtfolie
Backpapier
Mehl für die Arbeitsfläche
Melonenausstecher
Kochlöffel

1. Die Butter in Stücke schneiden und mit dem Mehl, dem Puderzucker, dem Salz und dem Ei zu einem festen Teig kneten. Den Teig zu einer Kugel formen, in Klarsichtfolie wickeln und für 1 Stunde in den Kühlschrank geben.

2. Ein Backblech mit Backpapier belegen. Den Backofen auf 180 °C vorheizen.

3. Die Arbeitsfläche mit Mehl bestreuen. Den Teig 5 Minuten bei Zimmertemperatur ruhen lassen. Mit Hilfe eines Melonenausstechers kleine Teigkugeln ausschneiden, auf das Backblech setzen und leicht andrücken. Mit dem Stiel des Kochlöffels jeweils eine Vertiefung hineindrücken. Die Erdbeerkonfitüre glatt rühren und etwas davon in jede Vertiefung füllen.

4. Im vorgeheizten Backofen etwa 10 Minuten backen. Auf dem Backblech abkühlen lassen und danach mit Puderzucker bestreuen.

S

T

V

W

Z